税という社会の仕組み

諸富 徹 Morotomi Toru

JN052684

★——ちくまプリマー新書

456

目次 ＊ Contents

第3章　日本の税制の発展史

図版作成＝朝日メディアインターナショナル株式会社

はしがき

経済学に「足による投票」という言葉があります。いったい、どういう意味でしょうか。「投票所まで歩いていく」という意味ではありません。これは、自分が住んでいる自治体と近隣自治体の公共サービスを比較して、税負担に対してより良質な公共サービスを提供してくれる自治体が現れれば、そちらに引っ越すことを意味します。良質な公共サービスを提供できない自治体は、住民の流出に見舞われ、慌てることになります。

つまり住民は、税金を払ってそこにおとなしく住んでいるのではなく、公共サービスの質をしっかり評価していて、この自治体はダメだと判断すれば去っていくという形で、自治体に対して意思表示をしていると考えられます。これが、「足による投票」の意味です。

これは、よい条件を求めて人生に何度も引っ越しすることを厭《いと》わないと言われているアメリカ人の行動を反映しているので、そのまま日本社会に当てはめるのは難しいかもしれません。しかし日本でも近年、子育て支援に力を入れる自治体が増えていて、若い世帯はその支援内容が充実したものであるかどうかを見極めて居住地を決める傾向が強まっています。このため大都市圏の自治体は、若年層を引き付けるために子育て支援を競うようになっています。

こうなると自治体間競争で子育て支援の量と質が向上するので、「足による投票」がもたらす良い点だと言えるでしょう。でも副作用もあります。人口が減少する日本では、ある自治体に若年層が流入するということは、別の自治体から人口が流出することを意味します。これは本質的には、一方が良くなれば必ず他方が悪くなる「ゼロサムゲーム」になっているということです。

財政力があって、子育て支援で競える余裕のある自治体はよいのですが、そうでない自治体は人口が流出し、税収が減って、ますます財政的に困窮するでしょう。そこから逃げ出せる人々はよいのですが、残らざるをえない人々は、ひどい状態に置かれかねません。こうして自治体の格差、住民同士の格差は拡大していってしまうでしょう。

これは、アルバート・ハーシュマンによる著名な『離脱・発言・忠誠』（原著1970年）という著作に基づけば、「離脱」という行動にあたります。自治体の公共サービスの質に不満がある場合、そこから立ち去るのがまさに「離脱」という行動にあたります。これがどちらかと言えば消極的な反応であるのに対して、ハーシュマンは人々が「発言」という形でより積極的に不満を表明し、事態を良い方向に変えようと働きかける場合があるとも述べています。

では公共サービスの場合、「発言」とは具体的にどのようなことを指すのでしょうか。そのためには、誰が自治体で公共サービスの量と質を決めているのかを考える必要があります。すぐ思いつくのが首長（市長・町長・村長）です。次に、その自治体の議会と議員さんたちです。それから、市役所（町・村役場）とそこで働く職員さんたちでしょうか。

「発言」とは、これら自治体の公共サービスの量と質について、決定権をもつ方々に対して声を上げ、改善を求めることを指します。「もっと保育所を増やしてほしい！」と要求するのはその一つです。「給食は公共サービスとして無償化してほしい」、「子育て世帯に対する現金給付を増やしてほしい」という要求もありえるでしょう。

もちろん自治体の予算には限りがあるので、これらの要求が百パーセント通ることはないでしょう。でも声を上げれば、決定権のある方々はそれを無視することはできません。なぜならば、住民は税金を払っているからです。住民は、自治体のオーナーの一人だといってもよいでしょう。それゆえ、「私たちはこれだけの税金を払っているのだから、サービスの改善を求めるのは当然ではないか」という声には、根源的な正当性があるのです。住民が税の支払いを拒否すれば、自治体は立ち行かなくなってしまいます。

首長や議員さんたちも、民主主義社会であれば住民の声を無視できません。そもそも住民が支持して投票してくれるからこそ、彼らはその地位に就くことができたわけです。住民の望むことを実現するのが、彼らの仕事なのです。それをちゃんと実行しない場合は、落選の憂き目にあう可能性もあります。

「離脱」に対して「発言」の良い点を挙げるとすれば、こうして決定権のある方々に要求を突きつけることで相互作用や対話が発生し、事態が改善に向かう可能性が出てくる点にあると言えます。もちろん、「離脱」は自分一人が去るだけでいいので費用も時間も、そして場合によっては摩擦や争いも発生しませんので、自分自身にとっては効率的に問題を解決する方法になりえます。でも自分が去った組織に対してはほとんど何のインパクトも与えることができず、その組織が抱えた問題はそのまま放置されることになるでしょう。

ここに、本書のテーマである「税金」というものの本質があります。納税といえば日本では、お上（政府）が市民に対して一方的に金銭負担を課すイメージですが、本来は納税する者がその使途に対して発言を行い、改善を求める「権利」を獲得するプロセスだと理解すべきなのです。日本では江戸時代の「年貢を納める」という言葉や「上納」といった言葉に見られるように、「納税」という言葉が下から上へのお金の流れを連想させます。まるでお上が「主」、市民が「従」というイメージでしょうか。

ところが欧州で市民革命により近代国家が生まれたプロセスでは、税金はまったく逆の理解をされていました。詳しくは本書で説明しますが、一言でいえば市民が「主」で、政府が「従」なのです。市民は税を負担する者としてその使途に対して発言権をもつし、政府が自分たちの意図通りに行動し、税収を使うか監視する権限ももっているとも理解します。もし政府が自分たちの意図通り動かないのであれば、政府を取り換える権利（「革命権」）も留保しています。

当時、革命に勝利した市民たちは、これらの権利を王様に突き付け、実際に承認させているのです。「権利の章典」などの文書が、まさに市民と王様の間で交わされた社会契約の証拠です。この結果、王様は議会を招集することになり、市民の同意なしに勝手に税金を課すことができなくなってしまいました。それが、近代的な議会の始まりにつながったのです。つまり市民革命以降の欧州では税というものの本質には、ハーシュマンのいう「発言」のプロセスが原理的に組み込まれているといえます。

これらの点はいまだ、日本では十分に理解されているとはいえませんし、税金をこのように理解することは、読者の皆様がもつ税金のイメージとも大きく異なっているかもしれません。だからこそ本書は「税金とは何か」、「税金はどのようにして生まれ、発展してきたのか」を歴史や思想に遡って問い直すことで、税金の本質に迫っていきたいと思います。そのことは、民主主義や国家についてあらためて考えなおすことにもつながります。

本書がたんに、読者の皆様に税金についての知識を提供するだけでなく、その本質を問い直し、国家や民主主義について考え直すきっかけを提供することになれば、著者にとってこれほど幸せなことはありません。

第1章　私たちはなぜ税金を納めるのか

1　税とは何か

税を払いたくない思いはどこからくるのか

私たちはなぜ税金を納めるのでしょうか。そもそも税金とは何なのでしょうか。

経済学的には、税金とは公共財・サービスの対価です。つまり、政府は、消防や警察、道路や公園等といった公共財やサービスを提供してくれるので、それらに対して私たちは税金を支払うという形になります。

しかし、私たちは積極的に払うのではなく、義務だから仕方なく払うものだと考えがちです。たとえば、スーパーマーケットでアイスクリームを買うときには、書かれている金額を見て、きちんとその金額を支払います。それなのに、なぜ税金は払うのが嫌なのでしょうか。

それは私的財と公共財との違いだと考えることができます。私的財は私的に使われる財・サービスのことです。先ほどは一例としてアイスクリームを挙げましたが、服やノートや美容院、映画など、お金を払わなくては得られないもの、受けられないサービスを私的財といいます。私的財はアイスクリーム1個に対して158円、シャツ1枚に対して2980円というように財と価格が一対一の関係にあり、自分が選んだ財・サービスを得るためにいくら支払うのかがわかりやすくなっています。

それに対して政府によって提供される公共財は、この一般道を通るためにいくら、火事で消防が出動するのにいくらなどと一つ一つ値段がついているわけではなく、一見、どれも無料のように見えます。ですから、自分たちがそれらの財・サービスを選んでいる実感がもてず、そのために税金を支払いたくないという思いが生じると考えられます（実際に選ぶことができないのか、ということについては後ほど議論します）。

だからといって、「無税国家」や「国家なき社会」でこの社会が成り立ち得るのかと考えると、それは難しく、やはり税金を払わなくてはいけないのだということは、皆、頭では理解しています。それでも気持ちとしては、自分はなるべく払いたくないというわけです。お金は人に払ってもらって、自分はうまいことサービスだけを受けたい。このような行動をする人（あるいは企業）を経済学では「フリーライダー」といいます。「ただ乗りする人」という意味です。

とりわけ日本では、税金というと「苛斂誅求《かれんちゅうきゅう》」――税金などを厳しく取り立てられること。江戸時代の農民がお上に容赦なく年貢を搾り取られる、あのような状況をいう言葉です――のイメージが強く、自分たちが税金を納めようと思える「政府を選ぶ」という実感が持てないままここまできています。あるいはそれは、「政府が決める支出（公共財）の中身に、有権者として影響を与えることはできない」という無力感の裏返しでもあるかもしれません。

税は選べるもの

公共財・サービスへの対価は個々の財・サービスに対して支払うのではなく、消費税、所得税、〇〇税など、さまざまな政策を一括してひとまとめにしたパッケージに対して支払います。本来私たちの社会では、政策全体をまとめたパッケージを政党が提示し、国民が選挙を通じて、それらのうちのどれがよいのかを選ぶことにより（場合によっては、それで政権交代を起こして）、国民のニーズに政府の財政支出が近づけられていくことになります。

たとえば、A政党は社会保障中心のプログラムを組み、そこに予算を多く配分するという選挙公約を掲げるとしましょう。一方でB政党は、やはりまずは誰かが稼いで、税金として納めてもらったものを分配する必要がある、だから稼ぐ人を伸ばさなくてはいけないという考えのもと、企業やお金持ちへの減税を打ち出すとします。選挙というのは単純にいえば、あなたはそのどちらを選びますか？　ということであり、多くの人が選んだ方が選挙で勝って政権党になり、その後、公約に従って予算が組まれていくことになります。

日本では政権党はあまり変わりませんが、アメリカでは民主党と共和党でしばしば政権交代が起こります。つまり、有権者は選挙で政権交代を実現することで、自ら公共財を選んでいるということになります。そのような国であれば、国家が納税の対価として私たちに便益（何らかのサービス）を与えてくれるという実感をもちやすいでしょう。他方、そのような実感がない場合は、痛税感、重税感だけが目立つことになります。

日本では自由民主党（以下自民党）が長く政権についていますが、自民党はこれまで、農村部や、都市部であれば昔ながらの商店街など、旧来の中間層の人々に利益配分していくような政策を進めてきました。そのため公共事業が重視され、社会保障制度や教育、子育て、貧困対策などについては対応が遅れがちでした。こういった政策への不満はとりわけ都市住民の間で大きく、それが1990年代以降、日本新党、民主党、そして現在の日本維新の会に至るまで、都市の無党派層の不満の受け皿となる政策を掲げた政党が大きく得票数を伸ばすという結果につながっています。2009年には民主党が公共事業批判をして自民党に勝ち、政権が交代しましたが、自民党の公共事業偏重の財政支出が、そういった都市の無党派層の投票行動の背景要因となってきたことは間違いないでしょう。

その後、社会の高齢化に伴って社会保障費が日本の最大の支出項目になり、現在は国の支出全体の3割超を社会保障費が占めるまでになっています。さまざまな社会保障費のうち、特に医療、年金、介護にかかる経費が多いのですが、これらの社会保障で利益を得る人（受益者）は、圧倒的に高齢者に偏っており、結果として、若者や子育て世代への支援がおろそかにされています。

ヨーロッパの場合は、受益者として高齢者が多いのは確かですが、子育てや家族関係、住宅、勤労者に対する支援など、現役世代に向けた予算もそれなりに用意されており、バランスが取れています。特に北欧では、教育費は大学まで無料です。これが納税者の利益としてとても大きく、その分、各家庭の支出も減るということで、国民は25パーセントという高率の消費税もやむを得ないと受け入れているわけです。

それに対して日本では、国家の財政支出のあり方と、都市の現役世代を中心にした国民のニーズとの間には依然としてギャップがあり、「税を払っているのに利益を得られない」という思いが解消されていないように思われます。

行き過ぎた株主主権

ここまでは個人の納税（主として個人の所得にかかる所得税）を念頭に述べてきましたが、企業の所得にかかる法人税に目を転じてみましょう。

「株主主権」という考え方があります。企業は株主が出資してつくったもので、その所有者は株主である、だから企業は株主のためにあり、利益は全て配当として株主に還元されるべきだ、という考え方です。極端ではありますが、これまで「企業の所有者は誰か」という問いに対する主要学説となってきました。株主主権の考え方に基づくと、社長は株主によって雇われた身であり、納税額を最小化して株主への還元を最大化することこそ株主に対する企業の義務であり、使命である、ということになります。そのためタックス・ヘイブン（Tax Haven：訳すると「税の避難所」）を利用してでも法人税を払わないことは善である、とされてきました。

タックス・ヘイブンは、法人税や所得税などを免除する、あるいは非常に低く抑えるなどの優遇措置をとっている国や地域のことをいいます。日本語では「租税回避地」といいますが、そこに本社や資産を移すことで、企業は法人税を合法的に最小化でき、その分、株主に利益を回すことができます。アメリカでは戦後からずっと株主主権できており、特に1970年代にその考え方が確立してからは、企業がタックス・ヘイブンを利用して節税せずに国に法人税を納めることは、企業として最大努力を尽くしていない、と見られる傾向さえ出てきていました。このあと紹介しますように、近代国家は市民が納税を権利として勝ち取ったところから始まりましたが、ここでは「納税しないことこそ善」という価値観にひっくり返ってしまっています。

しかし、2000年代に全盛期を迎えたこのような極端な考え方に対し、今、反省が生まれてきています。極端な株主主権が各国政府を税金の引き下げ競争に走らせ、それが税収の損失を招きました。さらに2008年のリーマン・ショック（アメリカの大手投資銀行リーマン・ブラザーズの経営破綻をきっかけに起こった世界的な金融危機）や近年のコロナ禍が追い打ちをかけ、各国の財政はますます厳しくなり、今、国家の存立さえ揺るがされつつある状況です。

そこで昨今は、行き過ぎた株主主権がそのような危機的な事態を引き起こしたという認識が共有化され、人々が企業に向ける目が厳しくなってきています。国には社会を維持する力がなくなっている。リーマン・ショックやコロナ禍で格差も拡大し、貧困で苦しむ人々も増えている。その中で、企業は株主の利益だけを追求していてよいのだろうか、というわけです。

そのように認識が変化してきた背景には、人々の不公平感もあるでしょう。大きな利益を上げて肥え太った企業は税金を逃れているのに、いざ自分たちが苦しくなると政府に救済してもらうのはどういうことなのか、と。たとえば、世界最大の自動車メーカーだったゼネラル・モーターズ（GM）が2009年6月に経営破綻した際、アメリカ政府はGM救済のために500億ドルもの公的資金（もちろんもとは税金です）を投入しました。調子が悪くなれば救ってもらい、そうでないときは納税から逃れているというのは、やはり虫のよい話でしょう。

そのような認識が広がり、欧米では今、「納税」を企業の社会的責任の一環として理解する動きが出てきました。たとえば、企業がEnvironment（環境）、Social（社会）、Governance（ガバナンス、企業統治）などの社会的責任を果たしているかを考慮して投資する「ESG投資」において、「ガバナンス」に納税という要素が入り始めています。つまり、納税から逃れてばかりの企業は、社会的責任を果たしていないとみなされるようになってきているのです。

2　税は「近代」の産物
――私たちに課税する権力（国家）は、どのようにして正当化されるのか

市民が国家を「制作」した

私たちはなぜ税金を払うのかという問いに対しては、国家が公共財・サービスを提供してくれるからだと述べました。では、国家はなぜそのような役割を引き受けたのでしょうか。

江戸時代は統治する側とされる側が固定的で、常に武士は統治する側で、農民は統治される側でした。ヨーロッパでも近代以前は常に王侯貴族が統治する側で、一般庶民は統治される側と、その関係は決まっていました。しかし、市民革命を経て近代に入ると、絶対的な統治者は倒されていなくなり、統治する側と統治される側はいつでも選挙で入れ替えられることが前提となりました。非統治者が統治者になる、あるいは統治者が非統治者に落ちるのは、普通に起こることになったのです。

革命の争乱の日々が終わり、人々が日常の生活を取り戻したとき、そこにあるのは以前と権力のあり方が一転した世界です。人々はそこで、そういえば警察署や消防署はどうしたらいいのだろう、学校は誰が運営するのだろう、と気づくでしょう。そういった公共的な仕事

の全てを、コミュニティで共同作業として行う方法もあります。今でも農村部の青年団が地域の業務に従事したり、各地域で消防団が組織されて週末に訓練したりしていますが、そのようにコミュニティの中で、皆でやりくりすればよいでしょうか。しかし、人々にはそれぞれ所得を得るための仕事もあります。集落の補助的な仕事ならそれでよくても、巨大国家を支える業務をその方法で行うのは不可能です。警察、消防、教育などの公共的な仕事は、やはり誰かにやってもらわなくてはなりません。

その「誰か」というのが政府です。公共的な仕事をする誰かが必要だということが、政府という権力をつくる理由になりました。そして「国家は私たちのために仕事をしてください。私たちはその対価として、自分たちの稼いだ所得の一部を税金として納めます」という契約を結びました。つまり、国家と市民は契約関係にあるということになります。これが近代国家の基本となる「社会契約説」という考え方です。

市民革命以前の権力は、「王は神様からこの世を治める権限を授かった」「神様から権力を付託された」とする「王権神授説」により成立していました。神に付託されたという、誰も証明できない主張に基づいた、国民に対する責任を問われない権力でした。

それに対して国民がつくった政府という権力は、国民からさまざまな制約を課されています。たとえばイギリスの「権利章典」には、「国民の同意を得ずして○○してはいけない」というように、国家の権力を縛る文言がたくさん書かれています。つまり、国民が戦いで勝ち、守るべきルールを権力者に突きつけたものが「権利章典」なのです。「権利章典」やアメリカの「独立宣言」（図1-1）を前に、時の英雄たちが何かを書いている場面を描いた絵画がありますが、彼らはいわば、契約書にサインをしているわけです。つまり、欧米ではこの段階で、自分たちが国家をつくり出した（「主人＝国家の制作」）という感覚が生まれてきたということができます。

図1-1　ジョン・トランブル『アメリカ独立宣言』1819年

変化する国家の役割

「社会契約説」を最初に唱えたのはイギリスの哲学者・ホッブズ（1588〜1679）です。ホッブズは市民革命に100年以上先立つ1651年に、『リヴァイアサン』という政治哲学書を著しました。リヴァイアサンとは『旧約聖書』に出てくる誰も倒すことのできない最強の海獣で、表紙に描かれたリヴァイアサンは、右手に剣を、左手に法王などが持つ

図1-2　ホッブズ『リヴァイアサン』表紙

宗教的な杖《つえ》を持っています（図1-2）。つまりこれは、世俗権力と宗教的権力の両方を一身にまとった国王という存在を、神話の海獣になぞらえているわけです。当時の国家はこのように、神秘的なヴェールに包まれた強大な存在でした。

　近代に入ってその神秘のヴェールが剝がされてくると、国家は組み立てたり解体したりできる「機械」になぞらえられるようになります。動く原理が外から見えて把握できるもの、解体したり組み立てたりできる合理的なものということで、ここでは一切の神様的な要素は剝ぎとられています。自分たちがつくったり、あるいは壊したりもできるもの、それが近代国家であり、国家は自身を制作してくれた国民への責任を有することになりました。

　国家に求める役割も時代とともに変化します。革命動乱期を生きたホッブズは、国家の役割は生命の保存であるとしました。人々が争っている無秩序な社会にあっては、争いを収め、最低限、人々が命を失わずにすむ状況をつくるのが国家の役割であると考えたわけです。ところが、市民革命後の安定期に入っていく時代を生きたイギリスの哲学者、ジョン・ロック（1632〜1704）になると、生命の保全に加えて、私有財産の保全を国家に求めています。戦乱の世が終わり、個人が財産を安定してもてるようになったので、今度はそれが不法に他者に奪われないように国家が保障する必要があると、ロックは考えました。そうでなければ、人々は安心して経済活動を営むことができません。さらに付け加えれば、自分の労働によって得た富は、自分が所有できると国家から保障してもらうことで、労働への動機づけが強まる効果も期待できます。ここから財産の私的所有を法律が保障する「私有財産制（または私有財産制度）」が生まれました。つまり、私有財産制も近代に入ってから確立した制度の一つです。これは、後に経済成長を加速させる最も重要な法的・制度的基盤の一つとなったのです。

「家産国家」から「租税国家」へ

こういった市民革命前後の変化を経済的な側面から見ると、「家産国家」から「無産国家＝租税国家」への移行ということになります。

王権神授説を根拠に、王が代々継いで統治していたときは、王室は莫大《ばくだい》な財産をもっていました。今でもイギリス王室は多大な財産を所有しているそうですが、革命前にはその王家の財産（家産）で国家の面倒をみていました。このように財産をもつ国家を「家産国家」といいます。しかし、王室が廃止されると財産は分配され、国家は財産をもたなくなりました。これが「無産国家」です。財産がないので国家の活動経費は税金によって得るしかなくなり、「租税国家」となるわけです。国家が「無産国家」であることも近代の特徴です。

人々の私有財産に税金をかけるということは、国家が〝人の財産に手をつける〟ことになるので、国家はその行為に正当性をもたせなくてはなりません。国家権力そのものも国民の同意を得て初めて正当性をもちますが、課税についても同様で、税の徴収には国民の同意が不可欠です。そこから確立したのが、国民が租税に協賛する権利、あるいは拒否する権利でもある「租税協賛権」です。イギリス革命における権利章典（1689）、フランス革命における人権宣言（1789）、アメリカ独立宣言（1776）には、いずれも「租税協賛権」について明記されています。

実際にアメリカでは、イギリスからの独立戦争の間、「代表なくして課税なし」というスローガンが叫ばれていました。植民地であるアメリカはイギリス議会に対して代表権をもたず、自分たちの代表である国会議員を送ることができない、それなのに課税だけされるのはおかしい、という主張です。

この主張の根底にあったのは、ジョン・ロックの「革命権」の考え方です。ジョン・ロックは『市民政府論』の中で、「市民は革命権を担保している」と書いています。市民は市民が選ぶ権力者・国家に対して守るべきルールとして「権利章典」を突きつけていますが、もし国家がその契約を破り、市民のいうことを聞かなくなった場合は、市民は最終的には武力で国家を倒す権利をもっている、つまり、革命を起こしたらよいと述べているのです。現代でも民主主義国家ではないカンボジアやサウジアラビアなどでは、国が国民を暴力で押さえつけていますが、近代社会では究極の権利は市民の側にあり、市民にはそのような国家を革命で倒す権利がある、とロックは述べているわけです。革命権は、市民が「自分たちが政府を選ぶ」という権利を保証するための究極の規定ということができます。

3　税は誰が集め、誰が払うのか、払わなかったらどうなるのか

税を課税・徴収する場合には、必ず法律に基づいた方法で行わなければなりません。その考え方を「租税法律主義」といいます。いったん課税の根拠となる法律が成立したら、税金

を支払わない場合は国家との契約を破ったことになり、罰せられたり、追徴課税されたりすることになります。その背景には、近代を経て、徴税機構を含む「暴力」(軍隊や警察など)が国家に集中していったことがあります。

近代以前の徴税はどのようなものだったかというと、たとえばフランス革命前には徴税の請負をビジネスにする人々がおり、国家はこの徴税請負人に税の取立権を与え、「農民からいくらの金額を徴収して国に納めること」という契約を結んでいました。契約以上の金額を取り立てた場合は、徴税請負人の収入にしてよい仕組みです。そうなるともちろん、徴税請負人は自分の収入を増やそうと厳しく取り立てます。そのため農民は非常な重税に苦しみ、困窮を極めました。結果としてそれがフランス革命の導火線になってしまったことは皮肉な話でしょう。

徴税がこのように恣意的なものであってはいけません。近代国家においては、国家のみが課税を理由に国民の財産権を合法的に犯す権利をもち、国民もそれに同意しています。だからこそ課税は最小限でなければいけないし、公平でなければならないのです。

また、一方が他方の私有財産を取り上げて自分のものにしてよいなどということは、個人対個人の関係ではあり得ません。課税権というのは主権、すなわち国を統治する権力そのものを構成する、国家権力の中核的要素であるということです。

4　税は義務か権利か――民主主義と税制

通常、社会科では納税は「義務」であると教えられますし、憲法にもそう記述されています。しかし、以上のような歴史的展開を踏まえて考えると、実は「権利」だと考えるべきではないでしょうか。

第一に、国民には「国家に、自分たちでは担えない公共的な仕事をしてもらう権利」があります。近代国家と市民の関係は、市民の側が自分たちのために国家をつくり、国家に公共的な仕事を与えたという関係にあり、国家が最初からあったわけではありません。

第二に、「権利章典」で説明したように、国民は「自分たちの同意なしに課税されない権利」ももっています。

第三に、国家が国民の意に沿わない方向に向かうならば、国家を取り換える権利をもっています。ジョン・ロックの唱えた「革命権」です。実際、ピューリタン革命のときにはイングランド王のチャールズ1世は処刑され、名誉革命においてはジェームズ2世は王位を追われて亡命しています。

そして第四に、税金は、国家があくまでも上記の三つの契約条項を守っている限りにおいて、その対価として支払うものだということです。つまり、権利があっての対価、という関係にあるわけです。国民は国家に対して積極的に意見を述べ、革命というのは極端だとしても、選挙による政権交代は日常的に行われ、多数派の考え方に従うかたちで統治が行われます。

ですから、近代の社会は市民が主で、国家が従、という関係にあるということです。この文脈においては、国家は消滅しても市民社会は残ります。市民社会が消えても国家は残る、ということはありません。これが第五のポイントとなります。

ただ、イギリス、フランス、アメリカではこうなのですが、実はドイツでは逆転します。当時のドイツでは、国家の保護がなければ市民は生きていけない、だから納税は義務である、という考え方がとられていました。基本的に生きていけなくてもよい人はいないので、市民の側に選択の余地はなく、また、従の側としては、国家をすぐに別の政権に取り替えるということもできません。

両者の違いは、市民革命後のイギリスでは国家は機械になぞらえられたのに対し、ドイツでは有機体のイメージで捉えられたことによって生じたと考えられます。機械であれば一部のピースを外したりつけたりできますが、生命体として考えると、国民は細胞であり、国家と血管で結ばれているので切り離すことはできない、ということになります。このようにドイツでは、国家と国民は一心同体、死なばもろとも、というような体制にありました。

日本の場合はどうでしょうか。日本は市民革命を経て「国家を制作した」経験をもたないために、税金に対しては未だに江戸時代以来の「苛斂誅求」のイメージをもっています。確かに明治維新は日本にとって近代の始まりですが、国家統治の仕方をプロイセン（現在のドイツの一部）とオーストリアという国家を主とする国々から学んだこともあり、憲法は天皇によって与えられた「欽定《きんてい》憲法」として成立しました。王の首をはねたフランスや、王が亡命を余儀なくされたイギリスとは異なり、革命を成し遂げた市民が国家と契約を結ぶというかたちで明治国家を建設したわけではないため、市民から権力者に突きつけた「権利章典」のような文章も存在しません。それが日本の近代を象徴的に示していると思います。納税は先人の勝ち取ってきた権利なのだという意識は、自分たちが主権者なのだという意識と直接的に結びつくものであり、「主権者教育」が重視されるようになってきた今、納税は我々の権利であるということを、改めて認識する必要があるのではないかと考えています。

5　税の哲学――公平性とは何か

税金の根拠は何か――「応益説」と「応能説」――

市民が国家に税を納めることが決まっても、誰がどのように払うのかという問題は残り、それがどのような根拠で負担を配分するかという議論につながっていきます。

税金の根拠としては「租税義務説」「利益説（応益説）」という二つの考え方があります。先ほど紹介したドイツの考え方では納税は義務であり、イギリス的な考え方だと利益（すなわち権利）だということになります。日本、韓国、中国、ロシアなどの国々はいずれも、「納税は国民の義務」と定めている点で共通性をもつ一方、アメリカ、フランス、スイスなど西洋民主主義の洗礼を浴びている国においては、還元される利益がないまま納税だけが義務的に行われることはありません。そもそもアメリカ、フランス、スイスの憲法は納税を義務とはしておらず、むしろ課税を政府の権利と表現しています。したがってこれらの国々は「利益説」に従っているということになります。通常はこの利益説が最も根源的な税の根拠になり、また、政府の存立根拠ともなります。

それを踏まえた上で、政府が国民に与えるサービス、すなわち利益に対し、どのような単価で払うものとするのか、と考えていきます。所有する土地や建物の資産価値から支払額を計算する固定資産税や、購入する商品の価格に応じて支払う消費税など、納税者が誰であっても同じ税率で課税される税は、この「利益説」に基づいています。

しかし、経済学でこのように解釈されていても、現実にはこの論理だけで押していくことはできません。所得の低い人、貧困な人など、そもそも税金を払えない人に大きな負担を課すわけにはいかないでしょう。そのため、所得税や相続税のように、支払い能力のある人に能力に応じて負担してもらおう、という考え方が出てきます。これが「応能説」です。

19世紀後半、ヨーロッパでは国家の活動規模が拡大し、より多額の税収が必要とされるようになりました。一方、工業化・都市化が進行し、格差の拡大も顕著になる中で、社会主義が台頭し、マルクス主義の影響も強まっていきます。そのような社会状況においては、所得が多いほど税率が高くなる所得税の累進化、すなわち応能説に基づいた制度設計が不可避となりました。税の累進化は議論より現実が先行し、プロイセンでは19世紀後半に税率構造が三段階になりましたし、イギリスでも20世紀に入ってまもない１９０７〜１０年にかけて新税の導入による累進化が進みました。

応能説に基づいた税制をつくるときに問題となったのは、何をもって「能力に応じて」とするのか、「能力」、すなわち「所得」とはいったい何かということです。

最初は、「所得＝収益」だと考えられていました。労働という所得源、あるいは企業が所有する資産という所得源など、所得を生み出すなんらかの源泉があり、それを活用することで得られる収益が所得である、という考え方です。働くことで得た給料や、預金や株式などによって得た利子、配当という利潤が、イコール所得であるとされました。

しかし、19世紀後半になると、「能力」はこれだけでは捉えきれなくなっていきます。企業の資産や労働力から毎年生み出される収益（現在の金融用語でいう「フロー」）だけでなく、資本主義の発展とともに蓄積されてきた貯金や家・土地などの財産（同じく「ストック」）を考慮しないことには本当の能力を捉えたとはいえない、そういった資産や、利子などによる資産の増加分を所得に加えて検討しなくてはならない、と考えられるようになってきたのです。19世紀後半以降、能力を測るベースとなる「所得＝消費（に充てられた所得）＋資産の増加分」という考え方、すなわち、消費（＝フローとしての所得）に、ストックの価値増加分としての所得も考慮するという、現代に至る考え方が成立したといわれています。

経済学、財政学はこうした潮流に対して、理論的根拠を開発することに力を注いでいきます。その一つの頂点は、イギリスの経済学者A・C・ピグー（1877～1959）による累進制正当化の学説です（1920）。ピグーは、貧困な人には低い税率を、金持ちには高い税率をかけることが経済厚生を最大化するということを、数式を使って証明してみせました。経済厚生とは社会を構成する人々の効用を、何らかの形で社会的に総計した合計値を表す経済用語で、それが最大化されているということは、社会的にもっとも「善い」状態が実現されていることを意味します。しかし、詳細は省きますが、この学説には理論的基礎の欠陥があるとわかり、結果、経済学の中だけで累進税を正当化するのは難しいという結論に至りました（それでも私はこの学説は一つの達成だと考えていますし、そのような議論も今なおあります）。

現代では、所得再分配をしっかり考慮した税金の制度化についての議論は、経済学ではなく社会哲学に依拠することになっています。それは、経済学の中には「効率的か否か」という価値規範はあっても、「公平か否か」ということに対する価値規範がなく、答えを出すことができないためです。経済学では常に効率性が、たとえば資源を無駄に使っていないかといったことが、すべての議論の参照基準になります。

それに対して、「功利主義」を提唱したイギリスの哲学者・ベンサム（1748～1832）、『正義論』で著名なアメリカの哲学者・ロールズ（1921～2002）、あるいはその他の社会思想家は、公平性についての哲学的議論をさまざまに展開し、それぞれ望ましい社会とは何か、それを実現するためにはどのような価値基準が満たされるべきなのかを示しています。逆に経済学は、ベンサム、ロールズらの示す価値基準のうち、何らかの基準が社会的に妥当な手続きを経て選ばれた場合、その価値基準の下でどのような税が適切か、ということであれば答えることができます。

社会哲学に基づく経済学的な税の公平性の議論では、「望ましい社会」を表現する社会的厚生関数（先述のように、社会的厚生＝人々の幸せの合計というイメージで捉えてください）を考え、その最大化を達成するにはどういう税が望ましいかを議論します。ベンサムの考え方を表現したものは「ベンサム型社会的厚生関数」と呼ばれますし、ロールズの考え方を反映したものは「ロールズ型社会的厚生関数」と呼ばれます。

複数ある社会的厚生関数のそれぞれを最大化する（＝社会の幸福の総量を最大化する）にはどうすればよいかをまず考えます。その必要条件を導出する過程で、税のあり方をどうすべきか、数学的に解きます。例えば、ロールズ型の社会的厚生関数を選び、それを最大化する問題を解くと、結果的に累進税制が最も望ましい税のあり方だという結論が導かれるのです。

　こうした結論が導かれるのは、この関数が「最も恵まれない人々の利益を最大化すること」が社会的正義にかなうとするロールズ『正義論』（1971）の第2原理（「格差原理」）の思想を反映しているからに他なりません。逆に、金持ちが最大に稼いでくれる社会こそ世の中の幸福を最大化するので、金持ちほど税金を安くして応援するべき、という議論もあります。後者に基づいた場合、富裕層を優遇する税制が選ばれることになります。

6　国家と経済——結節点としての税

ケネーの重農学説と土地単一課税

税金というものは、市場と経済の、あるいは国家と経済の結節点としてあるといえます。ここでは国家と経済との関わりについて、経済学の思想を追いながら見ていきます。

18世紀、フランスのフランソワ・ケネー（1694～1774）が「経済表」という経済モデルを著しました。ケネーはルイ王朝末期の医者で、1749年にルイ15世の公妾《こうしょう》であるポンパドゥール侯爵夫人の侍医となり、ヴェルサイユ宮殿に一室を与えられた人物です。王の住まうヴェルサイユ宮殿にはフランス中の情報が集まってきます。人体の仕組みを熟知しているケネーには、国の経済の動きが人体のアナロジーで見えたのか、骨と血液の流れのような図で国のお金の流れを表現しました。血液が血管を流れて生命体を再生させていくように、入ってきたお金がどう流れ、1年後にはどのようにフランスの経済が再生されているのかを図示し、経済を〝見える化〟したのです（図1-3）。斬新な発想で示されたその図を見て、当時の人は驚いたことでしょう。その後に登場する哲学者であり経済学者でもあるアダム・スミス（1723～90）は非常に辛辣な人で、過去の多くの学者を批判していますが、ケネーだけは素晴らしいと認めており、自身の理論もケネーの思想を下敷きにしています。

そのケネーが唱えたのが土地単一課税です。農業を重視していたケネーは、経済の再生産を考えたとき、唯一、経済を縮小再生産に導かないのは地代課税だけであると考えました。

当時、農業に携わる人々には農業資本家・農業労働者・地主がいました。農業資本家はお

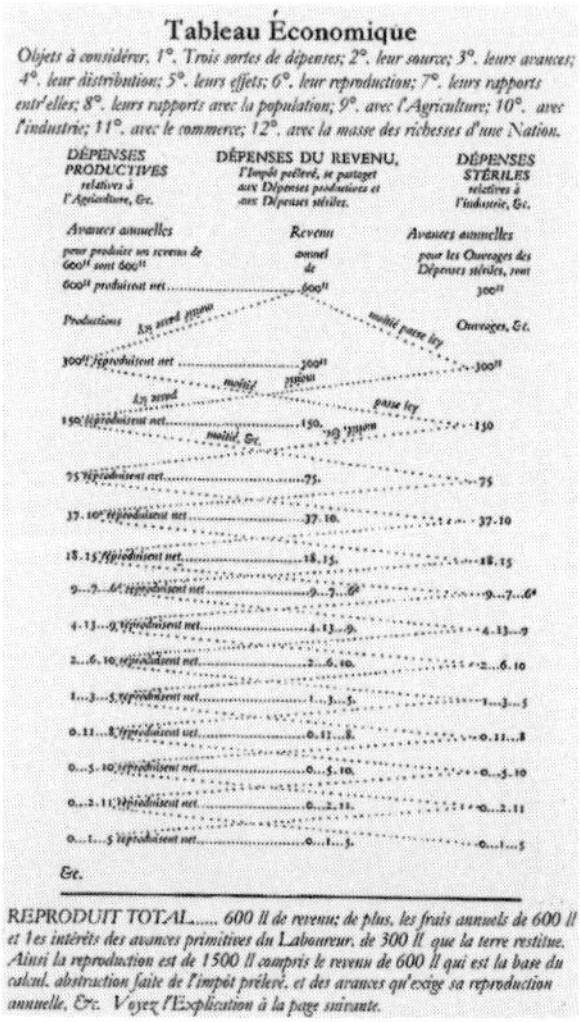

図1-3　ケネー『経済表』　経済を人体の仕組みになぞらえた

金を集めて機械を買い、地主のもつ肥沃な大農場で農業という事業を手掛ける人々です。農作業を行うのは農業労働者で、農業資本家は収穫した農作物の売上から労働者の給料を払い、自分の取り分を取った後、残りを地代として地主に渡します。つまり、地代は純粋な利益であり、いわば不労所得なので、そこに課税しても次の生産には全く影響を与えません。

ところが、農業資本家の利潤や農民の賃金に課税してしまうと、次の期の再投資や、労働者自身や家族の生活に必要なお金が減ってしまいます。当時よく議論されたのは、農民の賃金に課税すると家族の再生産に影響を与える、ということでした。その頃は社会保障もないので、労働者に重税を課すと子どもを産まなくなり、人口が減っていくのでよくない、だから地主にかけた方がよい、という理屈です。王政時代にあって、しかも宮殿に住んでいながら、ケネーはこのように当時としては過激な主張を行っていました。

ケネーのこの学説に心酔し、土地単一課税を実行する統治者も現れました。18世紀後半のドイツのバーデン辺境（現在のバーデン＝ヴュルテンベルク州の北半分にあたる領邦）伯フリードリヒです。フリードリヒは大変な読書家で、新しい思想に基づいたさまざまな改革を進める中で、領土内の三つの行政区で土地単一課税導入の実験を行います。しかし、その地域には農業資本家はおらず、零細な小作農ばかりだったため、うまく機能せずに挫折しました。

土地単一課税がどのような特性の地域にでも適用できる制度ではないことが、この実験で明らかになりました。

自由主義か、経済介入か

経済学の古典学説には、スミス、デヴィッド・リカード（1772〜1823）らによる「資本蓄積にできる限り邪魔にならないような税金でなくてはならない」とする議論がありました。今風にいえば経済成長を妨げない税制が望ましいということです。その典型が『経済学及び課税の原理』を著したリカードでした。リカードは経済学体系を確立した後、自身の応用問題として「税金がかかるとどうなるのか」を考え続け、出した結論が、上記の通り、「税金はなるべく経済成長に邪魔にならないように設計すべきだ」というものでした。

リカードは、各国がそれぞれの得意な産業分野に絞って生産を行い、国内にないものは自由な貿易によって流通させる方が、各国内であれこれ生産するよりも全体の利益が上がるとして、それまでの保護貿易政策を批判します。産業資本家もリカードに同調するようになり、イギリスは19世紀半ば、地主を利益を守るための法律だった「穀物法」を廃止し、自由貿易主義に舵《かじ》を切りました。これにより社会の資本主義化が加速していきます。

20世紀の経済成熟期に入ると、大企業による市場の独占が起こったり、その権益コントロールが難しくなって大恐慌に陥り、大量の失業者が出たりするようになりました。そのような中では、自由経済に任せるよりも、むしろ経済をコントロールする必要があるという発想が台頭してきます。そこからＡ・Ｃ・ピグーやケインズ（１８８３～１９４６）のように、所得の再分配のために累進税を導入するべきであるとか、国家は経済に介入し、税金を経済を誘導する「手段」として使うべきである、と考える経済学者が出てきました。

「財源調達手段としての税金」vs.「政策手段としての税金」

もちろん「財源調達手段としての税金」が税金のメインストリームですが、20世紀に入って、先述したように「政策手段としての税金」という考え方も登場してきました。所得の再配分を目的とする累進所得税や、地球温暖化対策のために二酸化炭素の排出量に応じて負担する環境税は、その代表的なものです。

日本で１９９２年に導入された「地価税」もその一つです。これはバブル経済のときに地価が高騰しすぎたため、それを抑制する目的でできた税金です。バブルが崩壊して久しく、地価税を適用する必要もなくなったため、現在は停止され、今では話題に上ることもなくなりました（あくまで停止中であり、法律上は今も存在しています）。

また、１９９７年のアジア通貨危機の際にはトービン税が注目されました。これは為替相場の不安定化の要因となる短期的な投機を抑制するために、国際通貨取引に税金をかけるという考え方です。その後、国際通貨取引だけではなく、短期的な金融取引全体に課税するという方向にも広がっていきました。

「小さな政府」vs.「大きな政府」

税金の水準はどのくらいが許容範囲なのか、という議論もあります。国家運営に必要なお金をできるだけ少なくする、つまり政府の支出をできるだけ小さくする「小さな政府」という考え方に立てば、税率は低くなり、国民の負担は少なくてすみそうに思えます。しかし、税率が低い分、国が提供する財・サービスも小さくなります。一方、税率を高くしても公共財・サービスを手厚くする考え方を「大きな政府」といいます。

これらのどちらが経済成長するでしょうか。重い税金を課す国は重税国家と呼ばれ、国民や企業も負担にあえぐようなイメージがあるので、なんとなく小さな政府の方が成長しそうな気がしないでしょうか。しかし、実際の統計を見ると、福祉の手厚さで知られる「大きな政府」の北欧諸国の方が、日本よりずっと高い経済成長率を示しています。重税国家であるのに、北欧は成長しているのです。経済成長率は税金の水準だけで考えることはできません。

福祉国家というと、困ったら救済してもらえるというイメージがあるかもしれません。しかし、北欧の場合、本当に困った人は救済しますが、同時に勤労国家でもあることがわかっています。つまり、病気などで働けなくなったら手厚くケアをするけれども、治って健康になればきちんと仕事に復帰し、報酬比例の社会保険料も税金もしっかり納めて、ケアを必要としている人を支えることを求める社会なのです。手厚い福祉は、「勤労しなさい」「稼いで税金を納めなさい」ということと表裏一体です。

北欧諸国が人への投資を惜しまず、充実した職業教育・訓練制度を設けているのも、職業教育・訓練に投資をすることで、各人が稼げるようになることが、経済の成長につながると考えるためです。単に税金を取ってサービスを渡すだけではなく、社会でしっかり稼ぎ、経済を回していく体制をつくることを強く意識しているのです。

北欧は専業主婦が極端に少ない〝全員労働参加〟型の社会でもありますが、その体制は教育によってもつくられます。人口が少ないので、なるべく多くの人に労働参加を求めるわけですが、その労働者の質を高めるために、学校教育が非常に重視されています。「小さな政府」のアメリカでは大学の授業料が非常に高騰し、進学できるか、どの学校になら行けるかは親の所得で決定されてしまう面がありますが、北欧諸国はそれを避け、所得が小さい家庭でも子どもがその影響を受けないよう、大学までの教育費を全て無料にしています。所得の多い少ないにかかわらず、できるだけ多くの人に質の高い公教育を受けさせ、将来の労働力になってもらうことが国家の使命のようになっているためです。そのように回していけば、重税国家であっても経済成長し、税収もより上がっていきます。こういう考え方に基づく国家のことを、「社会的投資国家」といいます。

国としては、その人材が将来稼いでくれる人になり、高い税金を納めてくれれば、教育に大きな投資をしてもペイするでしょう。国民は無料の教育をはじめ、さまざまな良質な公共サービスを享受でき、私的な支出は意外と低く抑えられるために生活苦を感じることはあまりないといいます。たとえば日本では、大学の高い学費をどうしよう、塾代の負担も大きくて困る、という状況がありますが、希望すれば誰でも大学に入れるのなら、高いお金を出して塾に行く必要はないでしょう。

「福祉国家」という呼び方にはこのような面が含まれていないために誤解を招きがちですが、北欧諸国が狙っているのは、決して福祉の充実だけではありません。こういった北欧の社会からは、税金と経済の関係を考えさせられます。私たちの納税行動には、「大きな政府」か「小さな政府」かを含め、どのような政府をも選び得る権利が組み込まれているといえるのです。

第2章　税制の歴史的発展

1　近代は税金から始まった——市民革命期のイギリス

所得税は「税制の王様」

第2章では税制が歴史的にどのように発展していったかをみていきます。ここで中心となるのは、市民が国や地方公共団体に直接納める「直接税」である所得税です。それに対して、販売店などを通して間接的に納税する消費税や酒税などは「間接税」といいます。

その所得税は、近代国家の発展とあらゆる面で関係しているという意味で非常に重要な税金です。特に20世紀に入ってからは、所得税は「税制の王様」と呼ばれるほど税収面で大きな存在感を示しましたし、所得が上がるほど負担が重くなる累進所得税を導入した場合は、格差を是正する役割も担いました。税制に累進性を与えることができたのは、実は所得税のおかげです。

所得税については、日本では、給料は税金を天引き（源泉徴収）した金額が支払われることが一般的なので、なかなか自分で税金を納めているという感覚がもてません。むしろ、買い物のたびにレシートにはっきり納税額が記載される消費税の方が、納税していると実感しやすいかもしれません。

それに対してアメリカでは、税金は全て申告制です。それで正確に所得が把握できるのかという声もありますが、申告納税なのです。申告は大きなプレッシャーのかかる面倒な仕事で、納税の時期になると「こんなのやりたくない」などと怨嗟《えんさ》の声が渦巻くのですが（日本でも確定申告の時期には、個人事業主やフリーランスの人々が面倒だと大騒ぎします）、しかし、自分の収入を計算し、税率表にかけて税額を確認し、扶養者控除や医療控除、寄付控除など、引けるものを引いて税務署に納める金額を導き出していくプロセスは、否が応でもアメリカ人の納税意識を高めていくといわれます。

このように所得税は、申告制度と結びついた場合は面倒な手続きが必要である一方、納税意識を高め、政治への関心を高めることにも役立つといえます。ひるがえすとそれは、日本における納税意識の低さ、税金の使われ方への意識の弱さともつながっています。

革命期前後のイギリスの税金

イギリスにおいては、所得税は18世紀の市民革命とともに始まりました。市民革命期以前のイギリスの財政システムは、国庫が①王領地収入と封建的貢納を財源とする部門、②関税を財源とする部門、③直接税を財源とする部門という三部門に分かれていました。①の王領地収入というのは、王室の所有する土地や建物からの上がりです。第1章で述べたように、家産国家であったため、それである程度の支出をカバーでき、特に国民に使途などについて意見を聞く必要はありませんでした。

②の関税も古くからある伝統的な収入です。16世紀から18世紀にかけてのヨーロッパでは、貿易黒字こそが国富の源泉だという信念のもとに重商主義政策がとられ、国外から輸入されるものは高い関税をかけてブロックし、輸出に対しては補助金を出すなどの振興政策がとられていました。その中で関税は非常に大きな収入源となっていました。

そして③ですが、直接税とはいっても、収穫や収入から一定割合を収める「十五分の一税」「十分の一税」、あるいは特別上納金というように、現在の所得税や法人税とは考え方の異なるものでした。その後に「週割査定税」（後に「月割査定税」）という直接税が新たに導入されます。

直接税導入に至る、17世紀のイギリスの状況をみていきましょう。当時、イギリスではイングランドに対するスコットランドの反乱など、長く戦争状態にありました。王室は軍事費をまかなうために特別課税を検討し、合意をとろうと議会を開催しましたが（11年ぶりの開催でした）、貴族をはじめとする議員たちの反対に遭って実現しませんでした。その後、スコットランドと和睦するために多額の賠償金が必要になり、財源獲得のため、王は再び議会を招集します。ところがそれが革命の舞台になってしまい、それから13年もの間、議会は解散されることなく続きました。そのため「長期議会」と呼ばれます。このとき新たに導入されたのが「週割査定税」「月割査定税」で、それがイギリス所得税の起源となりました。

これらの新しい税金の問題は「査定（アセスメント）」方式というところにありました。不動産や土地、馬車などのような保有財産からその人の所得を類推し（つまり、財産の多い人は所得が高く、そうでない人は低いだろうと考えて）、課税額を決定する方式だったため、本当の意味での所得は計算できなかったといわれています。

査定は週ごと、のちに月ごとに行われましたが、外から見える財産が課税対象とされたのは、この時代にはまだ、きちんと帳簿をつけて収入・支出を把握し、適切な計算を行うことで所得を導くという会計の仕組みが存在しなかったためです。ドイツ出身の社会学者マックス・ヴェーバー（1864〜1920）が、近代のメルクマールの一つとして「複式簿記の成立」を挙げていましたが、そのように近代という時代は、複式簿記で財産（ストック）と所得（フロー）を区別し、1年間のお金の出入りを数字で把握して記帳し、その結果としてストックがプラスになったのかマイナスになったのかを見るという、それまで目に見えなかったお金の流れを把握できるようになった時代です。その成立をもって近代といったほどなので、この会計制度をつくるのは容易ではなかったと考えられます。

内国消費税の問題点

複式簿記の成立により所得が把握できるようになるに従い、次第に所得を課税対象にするべきだという考えが出てきます。背景にあったのは、当時の内国消費税（輸入品にかける消費税）に伴う問題でした。

内国消費税は、生活必需品には軽く課し、ぜいたく品には重く課すことで、貧しい人の負担を軽減でき、応能的に課税できる税金だということで、当時の正統学説によって支持されていました。ホッブズは『市民論』で、消費への課税は、結果として「倹約」を奨励し、「浪費」を抑制することになるので、勤勉な人が報われ、公平性にかなうと書いていますし、ウィリアム・ペティ（1623〜87）、ジェームズ・スチュアート（1712〜80）といった当時の経済学の重鎮たちも、やはり内国消費税を支持していました。

消費行為を通して金持ちに負荷をかけようとしたという意味では消費税も外形的な課税であり、外から見えず計算しにくい所得税に比べて課税しやすかったといえます。ただ、生活必需品へ軽課することで多少は緩和されるといっても、貧しい人々の方が負担が大きくなる逆進的な税金であることに変わりありません。現代でもそうですが、所得に占める消費の割合は貧困層ほど大きくなります。得た所得のほとんどを消費に使い、貯蓄する余裕などないのが貧しい人々です。そのため生活必需品を多少安くしたところで根本問題の解決には至りません。その基本的な欠陥が改められないまま税率が上げられていったため、国民の不満は高まり、内国消費税に強い抵抗が示されるようになりました。

外形標準課税の失敗と所得税の誕生

逆進的であるという根本問題が解決できないうえ、戦争による経費膨張は、もう内国消費税だけでまかなえないレベルに達していました。この財政危機に直面した首相ウィリアム・ピット（1759〜1806）は、1790年に実施した直接査定税の臨時引き上げを恒久化、さらに１７９６年にはその追加引き上げを行いました。

税金の歴史を見ていると、最初はそれまでに例のない税金が「一時的」「臨時的」なものとして登場し、途中で廃止されたりもするのですが、やがて同じような税金が再設置されたり、廃止されることなく税率が上がり続けていったりすることがよくあります。一度税金が導入されると、それへの依存が次第に深まってしまうのでしょう。結局その税金なしでは立ち行かなくなり、恒常的な税金として定着したり、メインの税金に主役交代したりします。直接査定税もそのようなプロセスを辿《たど》り、わずか6年で追加引き上げに至っています。

さらにピットは内国消費税の課税対象も拡大しましたが、それでも税収は足りず、結局、富裕者に対する直接税の課税強化を図ることにしました。それが１７９８年に導入された「トリプル・アセスメント」という新しい直接税です。これは直接査定税の後継ですが、「トリプル」とあるように、納税者を富裕層・中間層・低所得者層という三階級に分け、全ての国民をいずれかのカテゴリーに分類した上で、階級ごとに異なる税率で課税するというものでした。階級分けの基準は前年度の納税額で、できる限り所得に応じて税負担が増える構造にすることが目指されたわけです。

ただし、直接査定税の直接的な発展型だったために、その欠陥をも受け継いでしまいました。課税対象となったのは、やはり家屋やその他の所有物など、外から見て物理的に富裕度が判定できる「外形標準」です。査察官の目に触れないところに所有物を隠したり分割したりなど、課税逃れをしようと思えばいくらでもできたわけで、本当の所得を捉えられないという問題は残りました。

そのような税金を課す側と課される側とのいたちごっこは昔からよくあります。たとえば、イギリスでは17世紀末に、外形標準課税の一環として「窓税」が導入されました。窓数が多いのは大きい家＝窓は豊かさの象徴ということで、査察官が外から家の窓の数を数え、それに基づいて課税額を決めるというものです。その結果、窓のない家が建てられたり、すでに建っている家の窓がレンガで塞がれたりしました。日本でも、京都には間口が狭く奥へ長く広がった〝鰻《うなぎ》の寝床〟といわれる建物が連なっていますが、これは間口の幅によって課税額が決められていた名残です。そういった税金対策の例は枚挙にいとまがありません。

結局イギリスでは、「トリプル・アセスメント」をもってしても戦費をまかなうように十分な収入を上げることができず、その新税制はわずか6か月間で廃止されました。

それに取って代わったのが、翌1799年に導入されたイギリス初の、かつ世界でも初の所得税です。直接査定税とトリプル・アセスメントが失敗し、外形標準課税では応能的な課税は難しいことが明らかになって、ようやく登場した新しい税金のシステムでした。

申告納税制の失敗

この所得税は、多様な所得源から生まれる所得（利子なども含む）を全て合算して出した総所得が、その人の支払い能力を意味しているとし、そこに総合的に課税を行うものです。現在の所得税と同じアイディアのものが、ついに出てきたことになります。

ただしこれは、納税者自らの申告を原則とする申告納税制度でした。源泉徴収の仕組みがなかったため、申告というかたちを取らざるを得なかったわけですが、納税者側の会計制度もまだ整備されていなかったため、申告するべき自分の所得額を十分に把握できないという問題がありました。また、自己申告であれば、嘘《うそ》をついて課税逃れをする人が出てくるのは当然予測されるので、全員のチェックは無理でも、10人に1人ぐらいは検査に入り、不正が見つかったら罰則を与える、という仕組みにしなくては実効性はありません。しかし、そもそも記帳が行われていないため検査しようにも検査できず、検査できなければ罰則をどう与えるのかも明確にできません。つまり、徴税側の検査体制や罰則の仕組みもまた未整備であるという問題もあったわけです。

これらの理由から、理念は優れていたものの十分な税収をあげられず、世界初の所得税は導入から3年後の1802年に廃止されました。

しかし、所得税は翌1803年に、今度は申告制ではなく、所得の発生源で税金を徴収する「源泉徴収」方式で復活します。これを「シェデュール制」といいます。シェデュールとはフランス語でスケジュールのことです。

先の所得税が目指していたのは、労働という源泉から生まれるお給料、土地や建物という源泉から得られる地代、賃料、銀行預金という源泉から発生する利子など、その年に何らかの源泉から収益として発生する所得の全てを合算し、その人の総合所得を捉えようという野心的な税制でした。これに対してシェデュール制では総合課税は諦め、把握できる収益それぞれに課税する方式になっています。

たとえば、把握しやすい給料や利子などの金融所得に対しては、ある税率で課税します。土地は外からでも測れ、そこからどのぐらいの収穫物が得られるかも推測できるので、収量に対して日本の年貢にあたる税を徴収します。そのように、それぞれの収益に対してバラバラに課税をし、それを合計したものを所得税としたわけです。こうすることでようやく所得への課税ができるようになり、結果、1806年の税収は前年度に比べて倍増し、以後もその高水準を維持できるようになりました。所得税の制度はここにきて安定化し、財源調達手段としても成功を収めたと評価されています。

このように所得税は、理想と現実を車の両輪として発展していきました。総合合算課税による応能課税・累進課税を実現し、貧しい人々の負担は低く、お金持ちには多く負担してもらうというのが理想ではあります。しかし、イギリスは理想を早々に諦め、収益が出た瞬間に、収益源のところで何パーセントかを徴収するのが確実だという、現実的な路線を採用したということになります。

アダム・スミスの国家論と税金

所得税については、経済学の創始者アダム・スミスも最もよい税金だと考えていたことがわかっています。これは『国富論』には書かれておらず、『グラスゴー大学講義』で述べられています。『グラスゴー大学講義』は、グラスゴー大学教授を務めていたアダム・スミスの講義を、真面目な学生の一人が全て筆記して残していた講義録です。スミスは亡くなる際に、自分が残すと決めた著作以外は全て焼くように遺言執行人に伝えていたため、資料が全く残っていないのですが、その講義録は学生の家に代々引き継がれて残され、後年に発見されました。スミスの考え方がわかる貴重な資料となっています。

　その中でスミスは、支払い能力に応じた課税が理想であると述べる一方、消費税については「消費課税は人々が物惜しみなく支出するその程度に応じて税負担を課すことになるので、不平等である。また、消費課税の負担は価格に転嫁されて物価騰貴を引き起こし、結果として経済に悪影響を与える点で、経済政策的な観点からも望ましくない」と語っています。これは逆にいうと、所得の低い貧困な人々はやはり物惜しみ（節約）しようとする、ということです。節約するから、その分だけ税負担が低くなるように見えますが、節約にも限度があり、生きていく上で必要な消費は必ずあります。その節約しようのない消費に対しても税をかけることになるので、負担は応能にならない、ということです。

　スミスはほかに、その消費税の負担が価格に転嫁されて物価騰貴を引き起こし、結果として経済に悪影響を与えるので、経済政策的な観点からも好ましくないと述べています。

　スミスは経済学において初めて、生産が行われるのは資本・土地・労働という三つの生産要素で、それぞれが生産に貢献するその程度に応じて、利潤・地代・賃金という三つの本源的所得が発生する、ということを分析してみせた人です。この考え方は現在に至るまで引き継がれています。そしてスミスは講義において、所得税というのは三つの本源的所得それぞれに対して、賃金税、利潤税、地代税といった形態をとると、明快に述べています。こういった理論と能力に応じた税負担ということを考え合わせると、所得税がよい税だということになる、ということです。

三つの本源的所得と、そこに課税する所得税については『国富論』にも記されています。『国富論』の出版が1776年で、イギリス初の所得税の導入が1799年であることから、スミスの理論がピットの所得税導入に影響を与えたと考える人もいますが、それについての証拠は残っていません。ただ、ピットが『国富論』を読んでおり、スミスを非常に尊敬していたと伝えられること、また、スミスに直接会ったことがあり、その際に「ここにいる我々皆がスミス先生を大変尊敬しております」と言ったということから、影響を与えていた可能性もなくはないかもしれません。

もっともスミスは、当時の直接査定税などの査定型の税金を改革し、本源的所得に基づく所得税を導入するようにと提唱してはいません。『国富論』第3篇《へん》までで、経済は〝見えざる手〟に導かれてうまく秩序づけられていくと、資本主義経済の自由競争を肯定していますが、第5篇の財政学に当たる記述では、教育、軍事、警察などの公共事業は民間ベースではできないと、例外もあることが明記されています。なぜなら、そこに投資をして事業をしたとしても、資金を回収するのは難しいからです。たとえば、運河を渡らなければ向こう岸に行けないような場合であれば、橋をかけ、通る人から通行税をとって収入にすることができますが、住宅街を通る一般道路の場合は、そこに関所をつくって料金を徴収するわけにはいかず、事業になりません。事業にならなければ、民間では誰もやろうとしません。そのように大切なことでもやる人がいないという問題が発生するので、国家は必ず必要であり、そのために税金が必要になるのだと論じられています。

その第5篇では税金論が展開されていきますが、自分が語った理論に対応する所得税というものを導入するために現在のアセスメント税を改革すべし、とスミスが書いているかというと、先述したようにそうではありません。ここでスミスは妙に現実的に妥協していくのです。それは、厳格な所得調査を前提とした所得税制はまだ実現できないということを、スミスも知っていたからだと考えられます。これまで所得税の失敗の歴史を見てきた皆さんはおわかりだと思いますが、総合的に所得を捉えることも、きちんと申告しているかどうかの検査も、まだできる時代ではありません。理想は応能的な所得税だとはいっても、実務面を考えながら議論を展開するとなると、やはりそれは簡単ではないわけです。そこでスミスは理想論を取り下げ、最もそれに近い税として不動産土地課税を推奨しました。

2　国家にとって税金とは何か――19世紀ドイツの財政学

国家と市民は一心同体

前項では市民革命前のイギリスにおける税金のあり方について述べてきました。当時のイギリスの社会情勢についておさらいすると、革命でクロムウェルらの議会派が王党派に勝利し、議会が王を追放します。代わりにオランダから王の長女メアリー2世と、その夫オレンジ公ウィリアムを呼び寄せ、統治者として据えて、革命を成し遂げた人たちが権利を主張した「権利章典」を受け入れさせた、という状況です。そのため国民と国家の関係において、主と従がはっきりしています。当時は現在のような民主的な社会ではなく、革命を先導したのも貴族や有力商人たちでしたが、そういった人々が市民社会としての国家をつくり、そこに象徴として置いた王と、「国家の仕事をあなたたちに委ねる代わりに私達は税金を払います、けれども法律なしで勝手に課税することはできません」という契約を交わしたのです。

他方、これとは全く異なる形で国家が考えられてきたのが、本項の主役であるドイツです。日本の近代はどちらかというと、このドイツの考え方を引き継いでいるということは、日本という国のあり方を考える上でかなり重要なことだと思います。

さて、その頃のドイツでは「ドイツ国家学」が学問として形成されていました。そこでは市民が国家を下から形成したイギリスとは異なり、国家こそが社会秩序の形成者であるとされます。国家が先にあり、その国家という枠の中に、経済を含めて国の全てが詰め込まれているとイメージすると捉えやすいかもしれません。

全体利益あってこその私的利益、というヘーゲルの言葉が象徴的ですが、革命で国家が倒れても市民社会が残り、そこからまた新たな政府が生まれてくるというイギリス的な国家論に対し、ドイツでは国は有機体、生命体のようなものだとされたことは、先に述べたとおりです。そこでは全体利益を実現する国家が主導的役割を果たすことが重要であり、社会全体の利益と、一人一人の市民が追求する私的利益の間に矛盾や対立は発生することはないと考えられました。税金はそのような国家の経済活動を支える重要な財源調達手段であり、もし、市民社会が税金の支払いを拒否して国家が死滅すれば、それによって支えられていた市民社会もまた死滅せざるを得ません。そのように国家と市民社会は運命共同体、一心同体であると捉えられました。

要するに、当時のドイツでは市民社会の自律性というものはなく、ジョン・ロックの唱えた「革命権」の行使などは、とても考えられるものではなかったということです。このような社会においては、税金は避けることのできない負担です。そのため「権利」としてより「義務」としての側面が強調されていきました。

有機体としての国家

ドイツの「国家と個人は一心同体」という考え方のベースには、哲学者ヘーゲル（1770〜1831）の『法の哲学』があります。実はヘーゲルのみならず、ドイツの著述家たちの著作には生物学的アナロジーが数多く出てきます。機械論が展開されたイギリスでは、市民社会と国家の関係は物理学や工学の視点のアナロジーで説かれることが多く、どちらかというと国家は自分から突き放された存在として捉えられます。それに対して、有機体、生命体として捉えるドイツでは、自分と国家を突き放すことができません。自分も国家という生命体を構成する一つの細胞なので、国家を傷つけるのは自分を傷つけるのと同じであり、国家を倒すようなことはできないと考えられていたわけです。その代わり、非常に大きな生命体の中に守られている、と認識されている側面もありました。

この頃のドイツにロレンツ・フォン・シュタイン（1815〜90）という法学者がいました。この後で紹介するアドルフ・ワグナー（1835〜1917）、そしてアルベルト・シエフレ（1831～1903）と並び、ドイツ財政学三巨星の一人といわれた人です。初代総理大臣伊藤博文《いとうひろぶみ》が師事したのがこのシュタインであり、その意味で伊藤は、きちんと当時の第一級の欧州知識人を選んでいたことになります。その点はさすがといえるでしょう。

シュタインはフランスのパリに留学経験があり、フランス革命についての研究書（『平等原理と社会主義――今日のフランスにおける社会主義と共産主義』（1842））も著しています。当時はフランス革命自体はとうに終わっていましたが、パリではその後もさまざまな革命が続いており、彼が留学していたナポレオン3世時代には社会主義思想が台頭してきていました。街頭で起こるさまざまな革命運動は、場合によっては暴力沙汰や、王室を転覆するテロ活動につながっていくこともあり、その状況を目の当たりにしたシュタインは大きな衝撃を受けました。そして、なぜこのようなことが起きるのかと、フランスのサン＝シモンらの社会主義思想を学び始めたのです。

中世から経済が立ち上がってきて、次第に資本主義という仕組みができ、資本の所有者か非所有者かによって階級が分かれていく。資本主義社会システムの中では資本をもっている人がますます富んでいき、そうでない人はますます貧困になっていく。まだ社会保障も十分に存在しない中で、格差は拡大し、下層階級の人々が反乱を起こす。完全共和制になっていたフランスで、そのような社会状況がすでに存在しているということを、ドイツ人のシュタインはそこではっきり認識することになります。

当時のドイツは共和制ではなく、経済システムもフランスとは全く異なり、ユンカーと呼ばれた大地主が農奴を使って働かせ、その土地を治める「土地所有制」「土地資本主義」といえる社会でした。統一国家に向かう動きは出始めているものの、小さな領邦国家が分裂して存在している状態です。そのため、パリで起きているような革命的な事態は今すぐには考えられないものの、いずれドイツにも資本主義発展の波は訪れ、階級分化が起きて貧富の差は拡大していくだろう、その中で、それを不満に思う人々が社会転覆を図ったり、革命を叫んだりするようになるだろうと予測するのは容易なことでした。

シュタインはこのような状況に対して、国家というものがどのように役割を果たすべきかを考えていくわけですが、スミスのように自由市場を完全に信頼した社会秩序や、国家が重商主義のもとで恣意的に輸出産業を育てるというあり方を、格差の拡大、ひいては革命につながる可能性の強いものとして強く批判していきます。ここがドイツのドイツたる所以でしょう。

スミスの「自然的秩序」

国家にとってどのようなあり方がよいのかを論じるとき、スミスが好んだのは「自然的秩序」という言葉です。市場である程度収益を得た者が順番に投資を進め、市場からリターンを得て、また再投資して産業として成長し、その延長線上に輸出が始まる。スミスはそのように投資にも自然の秩序があると説きました。

さらに、こうして事業が始まれば、商品と商品を交換したり売買したりなどの行為も生じてきますが、それは「利己心」に基づいて始まるとスミスは述べます。中世においては、どちらかというと利己心は弾圧され、慈善や、神から選ばれるためにはどうするかといったことが人間の行動に影響を与えていました。しかしスミスは人間をそこから解放し、自分の利益に正直になってよい、としたのです。交換は相手も自分の利己心に従い、お互いが歩み寄って折り合いがついたところで成立するのだから、それでいいではないか、と。神から与えられた論理で説明しなくても、人間性の発露としての利己心が一致するところで、物事が取り決められ、動いていく。政府や神様の導きによるのではなく、人間がその本性に基づき、自分で考え自分の利害に訴えて行動を決めていく。そのようなきわめてボトムアップ型の秩序が、社会全体を調整してくれるはずだ。スミスが説いたのは、そのような社会構成論でした。

こういったボトムアップに軸を置いた自律的な社会のあり方は、個人と国家が緊密につながっているドイツにおいてはとても信じられるものではありません。そんな極端に振れた考え方は危ない、社会が壊れてしまう、という感覚なのでしょう。現代のロシアの為政者が民主主義をなかなか信じることができないのと同じようなものかもしれません。国家が上からガードレールを引き、民衆をある方向へ導かなければ、という意識がどうしても出てしまうわけです。

「社会改良」と税金

その後シュタインは、ドイツがパリのようにならないためには「社会改良」を行う必要があると考えます。この先ドイツでも資本主義が発達していくにつれて、格差の拡大とそれに伴う問題が出てくることは間違いないので、国家は資本主義の成長を促すだけではなく、革命が起こる前に先回りして、貧困な人々に対して住宅や衛生など最低限の生活条件を整えるような「社会改良」を施していく必要がある、というわけです。今の言葉でいえばセーフティネットの整備ということになりますが、国家は企業や大資本家など資本主義における強者と組んで、貧困対策や再分配をしっかり進めていかなくてはならない、そのためには税金もできる限り公平でなければならないと、シュタインは主張します。

このようなシュタインの議論は、国家の役割をとても重くみた国家万能論ともいうべきものです。イギリスの場合は、市場で解決できることは市場や市民社会の自律的な力に委ねるのが原則で、それでうまくいかない残余についてだけ、仕方ないから国家に任せるという考え方に立っています。いわば「残余としての国家」なのですが、ドイツの場合は対照的に、社会全体を覆い、社会全体を秩序づけていくのが国家である、という議論になっています。

経済活動の動機は一つではない

この時代のドイツの財政学者にアドルフ・ワグナーがいます。先にも紹介したように、彼こそがドイツ財政学三巨頭の中の筆頭であり、真の大立者といえる人物です。当時ベルリン大学の教授だったワグナーは、プロイセン、ドイツの首相を務めたビスマルクと同時代人であり、プロイセンの経済政策・社会政策に甚大な影響を与えたと考えられます。また、ワグナーの著作は日本の戦前の帝国大学の財政学講座の教授たちの教科書そのものでもあります。彼やシュタインの本は当時の日本の財政学の教授たちの書棚にずらっと並んでいたはずですし、今でも大学の図書館の書庫の奥には、背表紙に金文字の入った非常に立派な著作が収められているように、日本の経済政策にも多大な影響を及ぼしました。シュタインらドイツ財政学の議論を体系化した大成者が、このワグナーであるといってよいでしょう。

ワグナーの主張の中で特に興味深いものの一つとして、人間の経済行為の動機は一つではない、というものがあります。人間の経済活動の最大の要因は、儲《もう》けたい、自分の欲求を満たしたいという利己心に基づく利潤動機であるというのが、それまでの経済学の通説となっていました。しかしワグナーは、それだけでなく、人間には「共同欲求」があると述べたのです。

教育、軍事のような公共事業は市場では解決できない、だから政府が引き受ける、というスミスの考え方を踏まえると、市民の要請する公共事業は、結果として共同の動機ということになります。しかしワグナーは、それとは別に、人間には最初から共同体を求める性質があると考えました。利己心を満たすための私的経済活動だけではなく、共同欲求を満たすために皆で組織化し、経済を回していこうとする活動。それは今でいえば協同組合による経済活動のようなものでしょう。そしてワグナーは、その共同経済組織が大きくなったようなものが政府である、と考えました。

最後に彼が挙げた経済的動機は、「利他心」です。英語でcharity（チャリティ）といいますが、その「利他心」「慈善」も人間の本質の一つであり、「利他的動機」「慈善動機」から「慈善経済組織」という別のセクターも生まれる、とワグナーは述べています。利他的動機を経済学の基礎の一つに据えようとしていたこの主張は、当時としては非常に新しい、先見性のある議論でした。

当時は（今もですが）キリスト教の教会や修道院などが貧困救済のための活動を行ったり、まだ社会保障制度がなかった時代の障害者福祉の役割を担ったりしていました。近代になるとそのような組織も協同組合として発達していきます。ワグナーはこの先、そういった組織が行う慈善活動を皆で共同で行っていくことが重要になる、だから国家はそういった社会政策を先導していく必要があると考えました。これはシュタインの「社会改良」を体系化した上で国家が引き取り、政策として実施していくべきだということです。ワグナーは社会政策学会という学会までつくり、一時はドイツの経済学会＝社会政策学会といってよいほどの一大勢力に発展しました。日本もこの影響を受けて社会政策学会が発足し、今も続いています。

「社会政策」としての税金

ワグナーの税金論の新しさは、税金を財源調達手段としてだけでなく、社会政策を行うための手段としても捉えた点にあります。当時のドイツでは、社会政策論の中で主として社会保障が論じられました。ビスマルクというと「鉄血宰相」のあだ名通り、軍事や治安維持など強面のイメージが強い政治家ですが、一方で社会保険制度を法定化し、社会保障政策を推進したことでも知られています。ワグナーの経済論の中にもまた、国家主導の経済秩序形成を強調する側面と、その矛盾を引き取って解決する国家の社会的役割を強調する側面の両面が含まれています。

この頃のドイツはイギリスの後塵《こうじん》を拝していました。多数の領邦国家に分裂し、ドイツ人同士が領邦ごとに国境の壁を張り巡らせて、関税をお互い掛け合っている——そのような状況では物流が阻害されますし、市場の規模は小さくなり、工場などをつくるときも規模を小さくせざるを得ません。大量生産ができず〝規模の経済〟が働かないため生産コストが高くなり、結果として価格競争でイギリスに負けていたわけです。経済学者のフリードリヒ・リスト（1789〜1846）は、イギリスに対抗するにはドイツ内で関税を撤廃して統一化する必要があると主張し、ドイツ関税同盟を推進して国内の関税廃止を実現します。

このとき展開されたのが、イギリスと比べてドイツはまだ弱いため、関税を張り巡らせてイギリスに対抗しなくてはならないとする「幼稚産業保護論」でした。まだ産業がよちよち歩きの子どものころは、いきなり大人と戦わせると負けるに決まっている、だから関税で守って成長を見守る。いよいよ青年期に入って大人と戦える段階になったら関税を撤廃してフェアな競争をすればよい、という考え方です。フリードリヒ・リストはこの理論で保護政策を正当化しました。

このような中でワグナーも、ドイツ経済がどう成長するかに関心を持っていましたが、一方で、経済成長に伴う格差の拡大と、それによる社会問題の深刻化もよく認識していました。彼が社会政策を持ち出してきたのは、革命の未然防止のためにも国家が先回りして社会主義的政策をとらなくてはならないという、シュタインとほぼ同じ問題意識からでした（いわば上からの社会主義であり、当時これを揶揄《やゆ》して「講壇社会主義」という言葉がありました。つまり、教授が一番高いところからお説教するような社会主義、街頭に出ずに頭で考える社会主義、といったニュアンスです）。ワグナーはそれを経済理論として理論化したわけではありませんが、プロイセンはそのためにも累進所得税を導入すべきだと明確に述べています。

ドイツ財政学と近代日本

ここまで述べてきたようなドイツ財政学は、近代日本に多大なる影響を与えました。伊藤博文が憲法草案を構想するにあたって留学し、直接シュタインに師事しただけでなく、帰国後は弟子や部下たちを皆シュタインのもとに送り込んでいました。当時は「シュタイン詣で」という言葉があったほど、大勢が帰国後の出世を目指し、シュタイン先生のところで学んでいたようです。おそらく日本の統治機構の中では、ドイツのような国家主導型の国家体制がフィットしたのでしょう。

当時の明治の為政者たちがつくろうとしていたのは天皇を戴く天皇制国家でしたが、治外法権など不平等条約改正の交渉などを進めるためにも、外交的には日本が近代国家であることを示さなくてはなりませんでした。独裁者が全てを決めるのではなく、政党があり、選挙が行われ、投票によって多数派が形成されて、そこが統治をしていく。そのような形式をつくる必要があったため、その体制を規定する憲法を制定して、法による統治の制度を導入したわけです。

しかし、その憲法は議会でつくられる「民定憲法」ではなく、天皇が定めた「欽定《きんてい》憲法」でしたし、当然、選挙も真の意味での普通選挙ではなく、政府権力は実質的に薩長土肥《さっちょうとひ》の面々が支配していたことはよく知られています。早稲田大学創設者である大隈重信《おおくましげのぶ》は、イギリス流の民主主義理解に基づく憲法改正や議会主義の創設を唱えましたが、大隈に主導権を渡したくない伊藤たちはドイツに理論的根拠を求め、その方向で理論武装を図っていきました。

日本におけるドイツの影響は特に法律学において大きく、いまだに「ドイツの法律を翻訳したのが日本の民法や刑法だ」などと言われるほどです。財政学についても、大学の財政学講座は軒並みドイツ財政学を学ぶ場となっていました。日本における近代的国家の創設と、その統治機構の構築にあたって、ドイツの影響ははかり知れないものでした。

ただ、日本が近代を踏み出したときに、そのように真に民主主義的なものを排したことで、第二次世界大戦に至る道が敷き詰められてしまったことは我々の知る通りです。明治国家以来の統治機構は、戦争に至るまでの意思決定において反対の芽を全て潰すようなものであり、日本帝国が最終的に破滅に至るまで止まることはありませんでした。その点は、国家主導型経済の大いなる反省点ではないかと思います。

実際、第二次世界大戦後のシャウプ勧告（アメリカの財政学者シャウプによってGHQに提出された、日本の税制に関する報告書）でも日本の税制が民主的ではないことが指摘されています。特に地方自治の体制が構築されておらず、地方自治体が単に国家の下部組織になってしまっていること、税金も国の税源に乗ったかたちでしか徴収できていないことなどが問題視されました。これはつまり、意見をボトムアップ的に吸収して国家を形成するような統治の仕組みになっていない、ということです。ここに戦前の組織のあり方の限界があったといえるでしょう。

3　公平課税を求めて――19・20世紀アメリカの所得税

戦費調達のため所得税を導入

ドイツや日本の税制を考えると、アメリカにおける所得税導入のプロセスが示唆するところは非常に大きいといえるでしょう。それはまさに、民主主義を勝ち取るプロセスのようになっているのです。

ここでは話を19世紀半ば、南北戦争時代のアメリカから始めます。本書では戦争についてあまり強調しませんが、どの国においても、税金が導入される場合の最も大きな理由の一つが戦争です。アメリカにおいてもこの南北戦争が、戦費を稼ぐ必要性から、一気に税金を引き上げるきっかけとなりました。

アメリカにおいては、ホッブズ、ロック、ヘーゲルのような大思想家は登場しません。しかし、南北戦争の時代にはすでに共和党と民主党が存在しており、その二大政党とその議員たちや大統領、ときに最高裁判所、またアメリカ大陸北東部の産業資本家と南部・西部の労働者が登場人物となって、それぞれの利害を踏まえた税制改革を求め、望ましい税制をめぐってダイナミックな議会闘争を繰り広げていきました。

特に共和党と民主党については、税制をめぐって党派がスパッと分かれ、わかりやすいかたちで闘争が行われます。それを見ると、税制がそれだけ生活に直結するテーマなのだと感じさせられます。実は日本では、特に戦前においては税金が政治的な争点になることがあまりありませんでした。そこはアメリカと非常に対照的なところです。

図2-1に示しているのは南北戦争期（1861〜65）のアメリカの税収推移です。南北戦争が勃発したのは1861年で、政府は戦費を調達するために税収を上げる必要が生じました。この時期に特徴的なのは内国消費税の高さで、増加率も顕著となっています。関税による収入も非常に大きく、これら二つの税金がこの時期の主要財源でした。図2-2はそれをパーセンテージで見たグラフですが、比率から見ても、やはり関税と内国消費税の重要性が見て取れるでしょう。

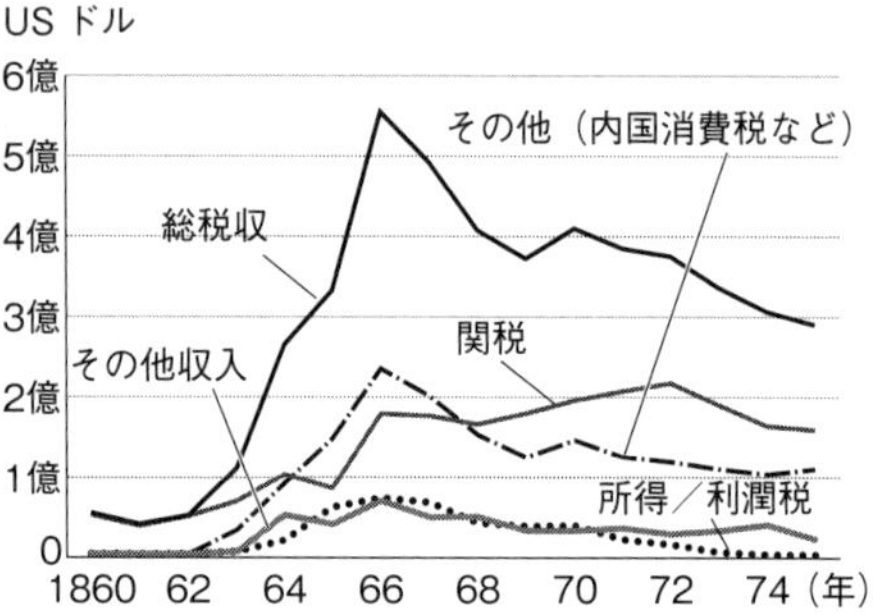

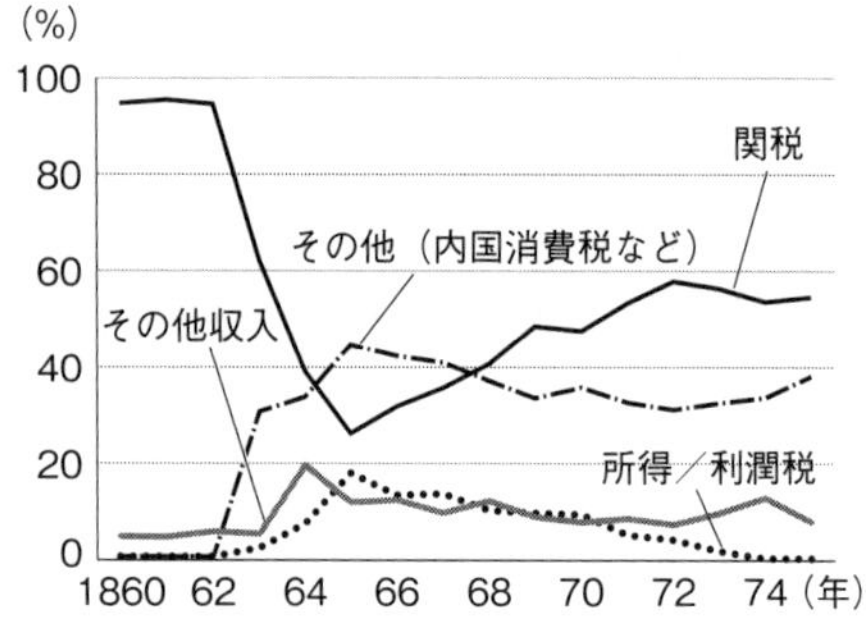

図2-1　南北戦争期アメリカの税収推移　［出所］US Department of Treasury (1981) p. 6、Table 2より作成

図2-2　南北戦争期アメリカの税収比率の推移　［出所］図2-1に同じ

１８６１年には、おそらくはイギリスにならって、アメリカでも初めての所得税が導入されました。戦争という国家危機は、財源調達のための新税導入を不承不承ながらも人々が受け入れざるを得なくなる素地をつくり出したのです。しかし、この所得税は税収が十分に得

られなかったという現実的な側面から、1871年には廃止されます。初の所得税は恒久税としての設置に失敗し、短命に終わりました。

人民党とヘンリー・ジョージの土地単一課税

南北戦争終結後の1893年から94年にかけて、人民党という新しい政党が非常に勢いを持つ一時期がありました。そこに影響を与えていたのがヘンリー・ジョージ（1839〜97）です。彼は経済学者と分類されはしますが、大学に籍を置かずに在野で研究を行い、経済学だけではない幅広い分野の著作活動をしていた人物でした。そのジョージが取り上げたテーマの一つが土地問題でした。

当時のアメリカは、北東部の資本家による一部の産業を除くとあとは基本的に農業国で、土地を所有している地主たちが農民から収穫や収益の多くを取り上げてしまう、という問題状況がありました。つまり、主要な経済対立は地主と農民にあったわけです。ジョージは、農業社会における地主と農民の不当な力関係を国家が解決するためには公平な課税が重要である、まずは土地収益への課税を強化し、地主の力をコントロールする必要があると訴えました。ジョージの主張は、農民を苦しめるさまざまな税金は廃止して、地主に対する土地課税一本に整理すべきだという土地単一税です。

その根拠となったジョージの分析は、当時、大きな喝采を浴びたのですが、土地課税一本に絞り込んだ点については、正直なところ疑問が残ります。一つの税金だけで十分な税収を上げられた事例というのは、過去にほとんど存在しません。少なくとも私は、その存在は把握していません。

第1章で、ドイツのバーデン辺境伯がケネーらの重農主義学派の主張する土地単一課税を実践した結果、失敗に終わったことを述べましたが、このように実際の増収効果に疑問があるにもかかわらず、土地単一課税の主張は歴史の中で間欠的に登場してきます。アダム・スミス後の古典派経済学の大立者だったリカードも、実は土地課税論者でした。地主が悪い、あいつらが荒稼ぎしている、俺たち農民はあいつらから搾り取られている。そういった議論はいつの世にもあるためでしょう。ジョージの提言も非常にシンプルかつシャープで優れた面もあったのですが、実際に税収不足の解決策となるかというと、やはり現実的ではありませんでした。

二大政党の激突と「下から」の税制改革

ジョージの影響を受けた人民党の失速とともに農民の不満は基本的に民主党に吸収されていった一方、共和党は北東部の資本家を地盤にしていきました。この後、民主党と共和党という二大政党は税制をめぐって激突していきますが、その背景にあったのは、税負担を誰がどのようなかたちで負うべきなのかをめぐる二つの勢力の争いでした。

先ほど見たように、当時の主要財源は関税と内国消費税です。内国消費税は逆進的で、貧しい農民たちを苦しめる税制ということができます。他方、関税は北東部の資本家の利益のためにつくられている部分がありました。先進国のイギリスから送られてくる優れた工業製品を関税でブロックすることで、工業などを営む北東部の資本家を守る、という狙いがあるわけです。北東部の資本家は共和党の議員に献金しているため、共和党の議員が国内産業を保護するのは当然の義務、絶対的な価値ということになります。

一方、輸入品に関税がかけられ、かつ内国消費税もかけられているということは、その分、商品が高額になるということであり、それを購入して生活や農作業を営む農民たちは、質の良い外国の製品を高く買わされていることになります。それに対して、主要財源を逆進的な内国消費税に依存しているために、たくさん稼いでいる資本家たちは利益に応じた税負担をしていない状況です。そのような不正義に民衆が不満を募らせ、彼らの代弁者である民主党を通じて政府に税制改革を求めていくことになります。つまり、「主要財源を消費税から所得税に移行すべきだ」という主張です。

このようにボトムアップ型の社会運動として税制改革を求めていった点に、アメリカと、国家が上から全体を見てコントロールしていくドイツや日本との大きな違いがあります。その中で党派対立が激化し、必然的に二大政党制が成熟していきます。

所得税をめぐる複雑なる闘い

下からの運動と民主党の後押しにより、所得税は徐々に大統領も取り上げる政策になり、1894年に再び創設されます。22年ぶりの再導入でした。しかし、これが裁判で違憲判決を受けてしまうのです。その理由は「連邦として課税することはできない」というアメリカ特有の事情によるものでした。アメリカは連邦と州の間に課税の住み分けがあり、連邦と各州がそれぞれ独立した税金をもっています。それは憲法でもきちんと定められています。先に、シャウプ勧告で日本の税制は民主的ではないと指摘されたと述べましたが、要するに、アメリカとは対照的に日本には地方の自立性がなく、国と地方の税源が分かれて、それぞれが独立していなかったからなのです。アメリカのこの制度を考えると、その提言の意味もわからなくはありません。

さて、所得税が憲法違反だといわれたからには、どうすればよいのでしょうか。実は、所得税は議会で何度も可決され、そのたびに最高裁判所に憲法違反だと判決されることが繰返されていました。富裕層と彼らが支持する共和党にとって、所得税は自分たちに不利な税金なので、彼らが最高裁に「あれは憲法違反だ」と訴えていたという背景もありました。もちろん憲法が定めている限り、所得税は違憲だという判決が下されるという期待もあったでしょう。

ということは、所得税導入のためには憲法を改正するしかありません。その問題をめぐってさまざまな押し合いへし合いがあった中で、1909年、共和党のオルドリッチ上院議員が所得税の導入をストップさせます。もちろんそのバックにあったのは北東部の産業利害です。

一体オルドリッチは何をしたのでしょうか。実はその頃になると、共和党内の基盤は必ずしも盤石ではなくなってきていました。何しろ人数にすれば資本家よりも農民の方が多いわけです。所得税を求める声の多さに、選挙区によっては共和党内にも所得税支持に変わる議員も出てきて（時代の先端の税金でもありましたし）、彼らは共和党内で所得税賛成派として分派をつくり、活動するようになります。

所得税をブロックして内国消費税を守ろうとしていたオルドリッチは、足元が崩れてきたことを察知し、ひそかに大統領と交渉を行います。法人税の導入は認めるので所得税はブロックしてくれ、大統領は多数派工作をしてそれに協力してくれ、と頼んだわけです。法人税は、所得税が憲法問題のために導入されない代わりに、大統領が限定的な範囲で始めようとしていた税金でした。所得税を何としてでも阻止したいオルドリッチは、大統領を味方に引き入れるには、大統領が導入を図っている法人税に対して法案成立に協力しなくてはならない、と考えたわけです。その見返りとして、所得税否決の多数派工作にも手を貸してもらおう、ということです。その取引の甲斐《かい》あって法人税が成立しました。所得税より先に法人税が導入されるのは、税制史においてきわめて珍しいことです。

憲法改正と所得税恒久化に向けて

法人税という有力な直接税ができたとはいえ、それで一件落着とはなりません。所得税導入に向けた憲法改正運動は、一貫して続けられていました。

憲法改正をめぐってはいくつか条件があり、まず、当然議会で憲法改正案が可決される必要がありますし、全ての州の議会でも所得税導入案が可決されなくてはなりません。それは非常に高いハードルに見えました。しかし、時代が進むにつれて所得税を求める声はますます高まり、最終的に所得税推進派は、憲法改正案の可決に成功し、かつ、最終的に各州における議決を取ることにも成功しています。

このようにして1913年、つまり第一次世界大戦が始まった年にようやく恒久所得税が成立しました。それが現代に続いているアメリカの所得税で、導入後は直ちに成功を収めたといわれています。図2-3を見ても、所得税収が急激に伸びているのがわかります。税収比率のグラフ（図2-4）からも、1917年には内国消費税に代わって所得税がトップに躍り出て、税の主役が交代していることが見てとれるでしょう。なお、所得税の項目に含まれている「利潤税」は、1909年に導入された法人税のことです。

憲法を変えてでも所得税を入れるという粘り強い運動が行われ、所得税導入に至ったこの一連のプロセスは、議会で行われた熾烈《しれつ》な駆け引きや闘争が印象的なのはもちろんですが、オルドリッチの策謀にかかわらず、時代の変化によって最終的に所得税の成立をブロックできなかったというのも、歴史の審判の興味深いところだと思います。一度起きた変化はその後も長く不可逆的な影響を及ぼし続け、決して以前の状態に立ち戻ることはありません。少

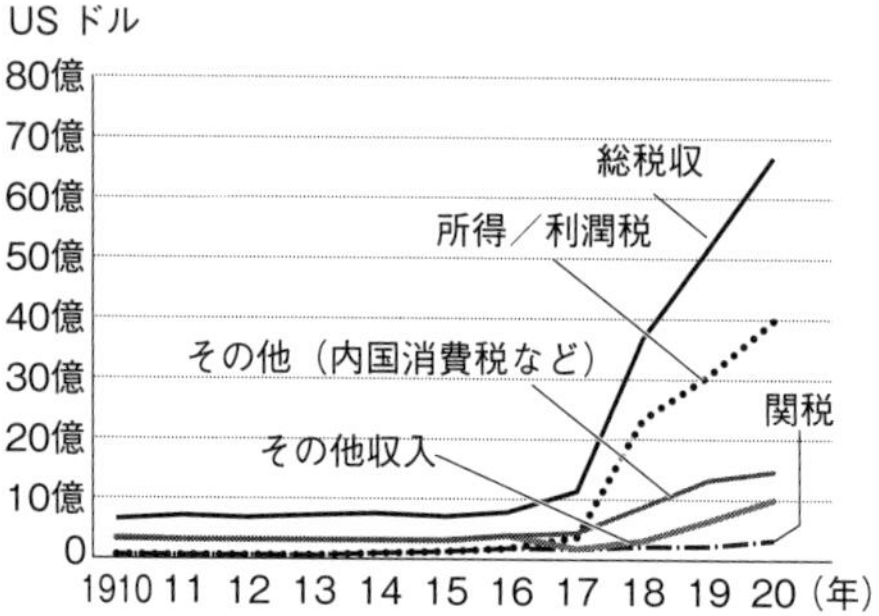

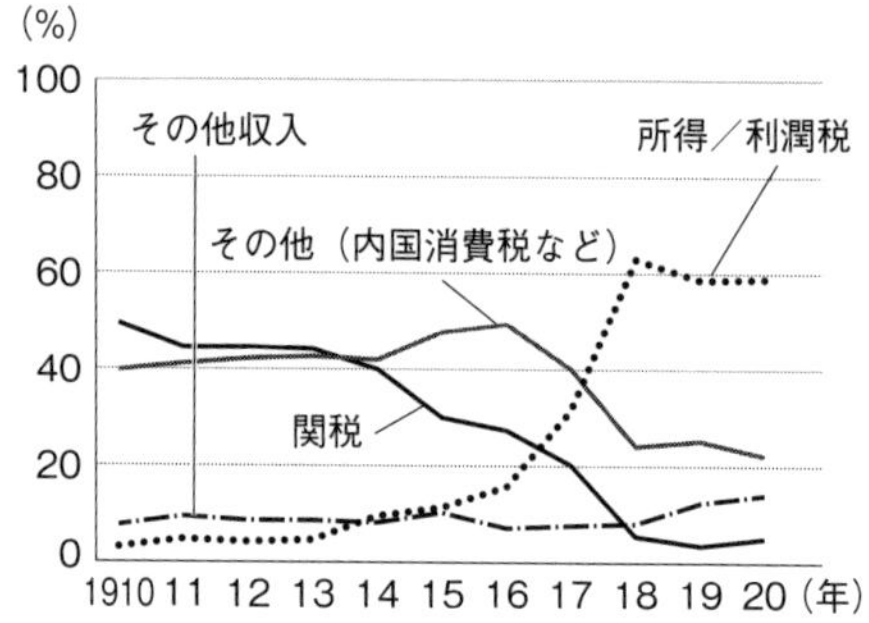

図 2-3　1910-20 年のアメリカの税収推移　［出所］US Department of Treasury (1981) p. 6 および p. 8、Table 2 より作成
図 2-4　1910-20 年のアメリカの税収比率の推移　［出所］図 2-3 に同じ

なくとも税制構造に関しては、これが歴史の一般法則といえるようです。

この歴史的経緯をたどることにより、アメリカにおける所得税の位置付けは、ドイツや日本など国家先導型の統治構造の中における税金の位置付けとは全く異なり、税制は有権者の生活に直結する非常に優先順位の高い政治課題であることが理解できたのではないでしょうか。それゆえ税制改革をめぐる動きには、アメリカ的な民主主義の特徴が色濃く反映されることにもなります。それは19世紀でも21世紀でも基本的に変わりません。

4　大恐慌の後で——ニューディール税制の挑戦

世界大恐慌はなぜ起こったか

ここで法人税に話を移します。20世紀に入ると経済の世界では、無数の企業群がお互いに競争し合う中から、次第に勝者と敗者が生まれ、勝者がより強大さを増して敗者を吸収していく、あるいは敗者は倒産して消えていく、ということが起こってきます。それにより勝者に資本が集中していき、市場は無数の企業が平等に競争する場ではなく、合従連衡によって大きくなった巨大な企業が支配する場に変わってしまいました。

そのような中で1920年代に株式ブームが起こり、その結果として株式価格が暴落します。この原因にはさまざまな要素が絡み合っています。

まず、独占寡占体が生産量を絞りながら高価格を演出し、自らの利益を確保していた一方、富める人とそうでない人の経済的な格差が広がり、一般の人たちの購買力が弱まっていたことがあります。そういった生産力の巨大さと購買力の弱体化のギャップが広がると、商品やサービスの需給バランスが崩れ、それをきっかけとしてものが売れなくなります。すると、それを察知した投資家たちが株式市場から逃げ始めます。その結果、株式市場の大暴落が起こり、そこから世界大恐慌に突入していきました。

世界恐慌後、恐慌の渦中に大統領を務めていた共和党のH・C・フーヴァー（1874〜1964）に代わって大統領に就任したのが、民主党のフランクリン・ローズヴェルト（1882〜1945）でした。ローズヴェルト大統領が悲劇の原因を調査させた結果、原因はやはり独占寡占体の成立と、超過利潤を企業の内部に溜《た》め込むような経済行動にあるという分析に至ります。日本でも企業の内部留保が問題になっていますが、当時のアメリカの大企業の内部にも莫大《ばくだい》な留保利潤が蓄積されていました。かたや消費者の方では所得が下がっており、消費したくてもその余裕はありません。そのように非常なアンバランスが生じていたのです。

史上最強の政策課税

こうした報告を手にしたローズヴェルト大統領やそのアドバイザーたち（現代でいう「ブ

レーン」です。ローズヴェルト大統領の時代に初めて、大統領とその取り巻きに対して「ブレーントラスト」という言葉が使われ始めます）は、この問題に対して課税を使って解決する、という政策を打ち出しました。アメリカ経済の立て直しを図るためにローズヴェルト大統領が1930年代に推進したニューディール政策（「ニューディール」は「巻き返し」という意味）のうち、大規模公共事業による大規模雇用などはよく知られていますが、税金政策については意外と知られていません。ニューディール期の税金政策は非常に急進的かつ実験的な税制であり、ニューディールの中核的な役割を担ったといってもよいものだと思います。

また、格差が非常に拡大していた当時のアメリカでは、独占寡占が強まった企業を分割して小さくし、古典的な競争市場に戻していくべきだという考え方が出てきていました。これは主としてアメリカの法学者で最高裁判所長官も務めたルイス・ブランダイス（1856～1941）の主張で、この考え方を支持する人々は「ブランダイス主義者」といわれます。現代のアメリカでも、バイデン政権のもとでGAFAM（Google, Apple, Facebook, Amazon, Microsoft）と総称される巨大IT企業の独占問題に厳しく対処すべきだと主張している、米国独占禁止法（競争法）当局である連邦取引委員会（Federal Trade Commission：FTC）の委員長を務めるリナ・カーン氏らのグループを「ネオ・ブランダイス主義者」と呼びます。

つまりアメリカには、独占寡占を問題視して古典的な競争市場をよしとする流れが一貫してあるということです。現実的にどこまでの対策が可能かという問題はありますが、たとえばマイクロソフトを独占禁止法違反で訴えるのもこの考え方によるもので、場合によっては企業に分割を迫ることもあります。

ローズヴェルト政権にはそのようなブランダイス主義者がいた一方、強大な独占寡占体を分割するなど今さら無理だと考える人々もいました。そちらのコントロール学派（計画学派）の人々は、巨大企業の力をコントロールするにはどうするか、という問題の立て方をすべきだと主張しました。どちらの派も今の状態がよいと思っていないことでは一致しているのですが、それぞれ目指す方向、描いていた理想が違います。その意味で彼らは同床異夢の状態にあったといえます。ブランダイス主義者は、留保利潤を吐き出させて独占体を解体させる手段としての法人税に期待をかけました。一方でコントロール学派は、法人の行動を規制していく手段としての法人税に期待をかけました。こういった両派の期待のもと、1936年に行われたのが留保利潤税の導入でした。

これほど強烈な政策的な目的をもった税金は、後にも先にもほとんど例がありません。現在の炭素税も、CO_2排出量の削減につなげるという意味で政策目的のある税金ですが、いわゆる法人税の中で、ここまで強く政策的な意味合いをもたされたものはないと思います。その意味で、この法人税は「史上最強の政策課税」といってよいでしょう。その強烈さゆえに共和党からは猛反発を食らい、また、ローズヴェルト大統領の政治基盤が弱まってきた頃

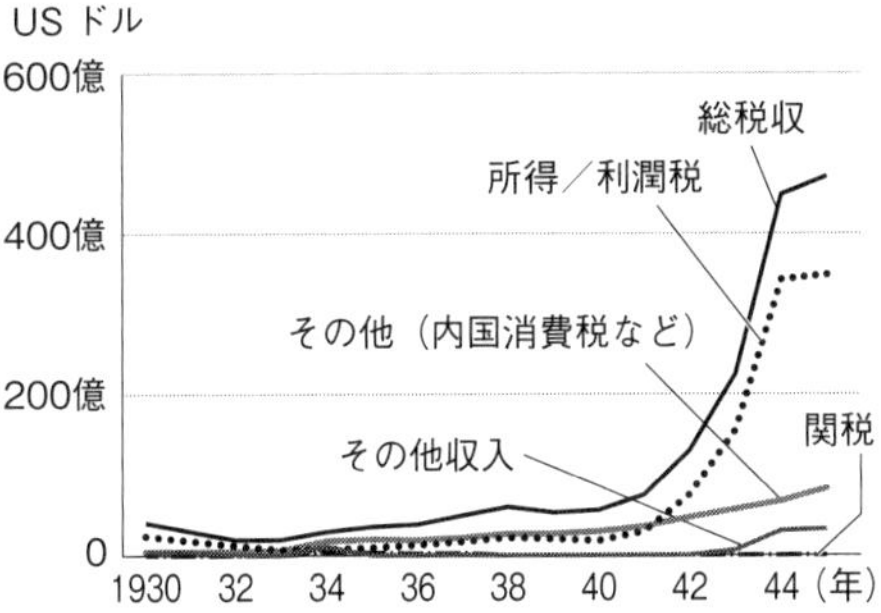

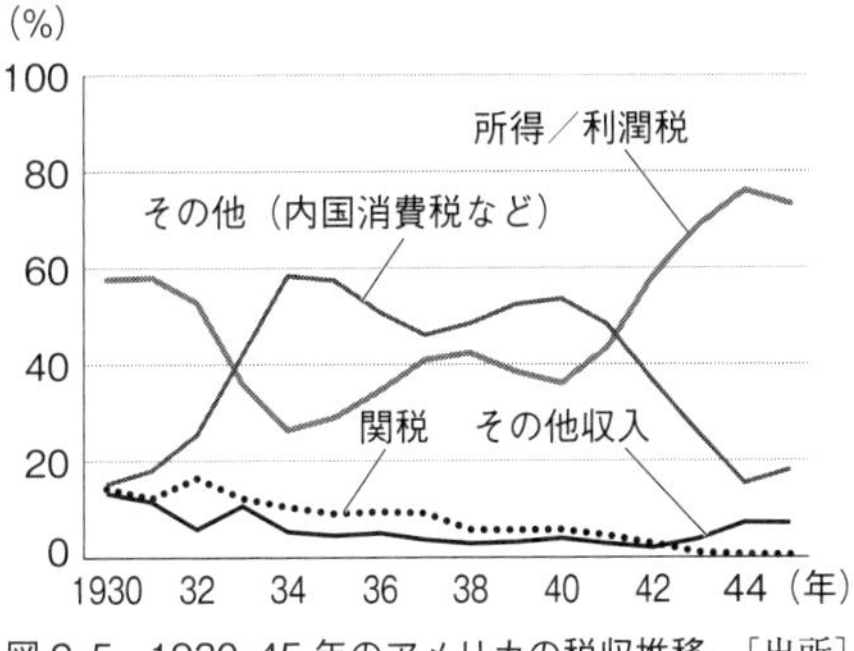

図 2-5　1930-45 年のアメリカの税収推移 ［出所］US Department of Treasury (1981) p. 8 および p. 10、Table 2 より作成
図 2-6　1930-45 年のアメリカの税収比率の推移 ［出所］図 2-5 に同じ

には民主党内からも反対者が出てきて、わずか5年ほどの実施で廃止に至ってしまいました。

ただ、こうして失敗に終わったにしても、ニューディール期というのは現代の経済を形づくるさまざまな要素が出てきて、実行された時代でもあることは間違いありません。留保利潤税は廃止されたものの、所得税、相続税、そして法人税という3つの直接税を基幹税とする現代アメリカ税制は、まさにニューディール期に確立しました。そのおかげでアメリカは、第2次世界大戦の莫大な戦費を賄うことができたのです。図2-5と図2-6は、1941年12月のアメリカ参戦以降、急増する戦費をほぼ所得/利潤税で賄い、これらの税の総税収に占める比率が8割近くにまで高まったことを示しています。労働三権が立法化されたのもこの時期であり、当時の「ニューディーラー」と呼ばれる人々の先進的なアイディアや、この政策で経済改革を果たし、経済の民主化を図っていくのだという心持ちには特筆すべきものがあります。そのまま適用するのはもちろん無理ですが、現代社会の問題解決のためにどのように税金を考えていくかという点においては、大きなヒントを与えてくれるのではないでしょうか。

第3章　日本の税制の発展史

1　前近代の税制

公地公民原則による班田収授法

本章では日本の税制の変遷を古代から現在まで一気に追っていきます。大きくは前近代と明治以降の二つのパートに分かれますが、前近代の部分については日本史で学ぶことも多く、皆さんにも比較的なじみがあるのではないかと思います。

日本の税金について、文献上で遡ることができる最古の記録は『魏志倭人伝《ぎしわじんでん》』で、弥生時代にすでに税（食糧など）を集め、収めていたことが記されています。ただ、国家が法律に基づいて全国統一的に課する税金の始まりは、「律令」の制定まで待たねばなりませんでした。

日本で最初の律令は飛鳥時代の701年の「大宝律令」ですが、実はこの律令の基本方針は、中大兄《なかのおおえの》皇子による「大化の改新」（645）の後に発布された「改新の詔」（646）において、すでに示されていました。そこで示された集権的な統治制度の基本方針が、改革が推進される中で徐々に形になり、半世紀もの長いプロセスを経て、701年の大宝律令として完成したということになります。

大宝律令の中で税に関する法体系として、まず班田収授法があります。これは全国の戸籍と計帳を作成し、公地を公民に貸し与える制度です。もう一つは、公民に税や労役を負担させる制度としての租・庸・調です。租は米を、庸は労役や布を、調は絹や漆などの特産物を納めることをいいます。大宝律令にはこれらの税制度の導入が明記されました。

ここで公地、公民という言葉が出てきましたが、これは何でしょうか。

中国のような社会主義国家では今でも土地は公のものとなっていますが、中国ではこの時代（唐）から土地は天下のもの、国家のものとされ、私有化は許されていませんでした。すなわち「公地」です。「公民」も同様で、人民は国家に帰属するものとされていました。当時の日本ではさまざまな制度を中国にならっていたため、「改新の詔」でも「公地公民の原則」が打ち出され、大宝律令で正式に法律として定められて律令制の根幹原則になりました。

班田収授法も唐の「均田制」にならい、それまで豪族たちが所有していた土地をいったん朝廷が預かって公地とした上で、法に基づいて公民に「口分田《くぶんでん》」として貸し与えるという方式が取られました。「口」は「人口」という意味で、田んぼを人の頭割りで分けていく制度です。6歳以上の男子には田2段（約23アール）、女子にはその3分の2、奴婢には良民（賤民以外の人民）男女の3分の1の土地が支給され、土地は死後には国に返さなくてはなりませんでした。人民には税を納める義務も課され、土地を支給された者は「租」として収穫の3〜5パーセントの稲を納めることになっていました。

これが大化の改新で方向性が出され、大宝律令で成立した、日本における本格的な全国統一的税制の始まりです。

国家危機を背景に集権体制がつくられた

大宝律令の制定に向け、集権的な古代統一国家が一気に形成されていった背景には、白村江《はくすきのえ》の戦い（663）で唐・新羅《しらぎ》に敗れたことによる天智天皇《てんち》（中大兄皇子）の危機意識があったと考えられています。唐・新羅連合軍の日本侵攻を怖れた天智天皇は、防衛システムの再構築と強化に着手します。

その頃、都は難波にありました。当時、瀬戸内海は中国・朝鮮半島に向かう水路として機能しており、そこから敵が船で侵入してくる可能性が考えられましたし、瀬戸内沿いの平野

（現在の山陽道）伝いに陸から襲来することも考えられました。そこで防衛のために九州太宰府の水城、瀬戸内海沿いの西日本各地の古代山城などを築いたのです。それらは今も遺跡として残っていますが、西日本各地の古代山城は多くが朝鮮式の建築法で築かれているそうです。そういった新しい技術は、戦いに敗れて日本に流れてきていた百済《くだら》の人々によってもたらされました。

しかし、防衛砦《とりで》の建設だけでは十分ではないと考えたのでしょう、天智天皇は海からの侵攻を恐れ、667年、都を内陸の近江に移しました。今も滋賀県大津市西部には大津京というJRの駅があり、付近には皇子山や皇子が丘などの名称も見られますが、つまりその琵琶《びわ》湖《こ》西岸が天智天皇にゆかりの深い一帯です。天智天皇は新都・大津京で、改新の詔の方針に沿って集権的な統治体制の確立に努め、それが最終的に、文武《もんむ》天皇治世下の大宝律令（701）で完成した、ということになります。

封建制の誕生

ここで確立した税制の骨格は、公地公民制や班田収授法、租・庸・調も含めて基本的に平安時代まで維持されますが、11世紀になると、重い負担に耐えかねた農民が土地を放り出して逃げていく「逃散《ちょうさん》」という現象が大量に発生します。6歳になったら口分田が与えられるのは有難いところもある半面、栄養が豊かな土地もあれば貧しい土地もあり、また天候不順で作物があまり収穫できない年もあります。それでも税金は免除されないため、税金を納められない人々は、一つの抵抗の手段として土地を捨てて出ていったのです。

詳しくは述べませんが、班田収授法以降、そこに至るまでも土地制度改革は行われていました。723年には土地の開墾のインセンティブを与えるために、開墾した土地は三代＝孫の代まで私有できるとした「三世一身法」が制定されましたし、その20年後の743年には「墾田永年私財法」ができ、開墾した土地は永久に私財にできるようにもなりました。実質的にこの時点で公地公民制度は崩れ、先述したように、11世紀になると、割り当てられた土地はおろか先祖伝来の私有地からでさえ農民が逃散し、班田収授法は機能しなくなってしまいました。

その放棄された土地を領有していったのが寺社や貴族です。それまで形式的には公地公民制が維持されていましたが、大きな寺社や貴族の領有地である荘園がなし崩し的にでき、農民は荘園で雇われる農業労働者になっていきました（図3-1）。

荘園で働く農民には、領主から年貢、公事《くじ》、夫役《ぶやく》という税が課されました。律令のもとで

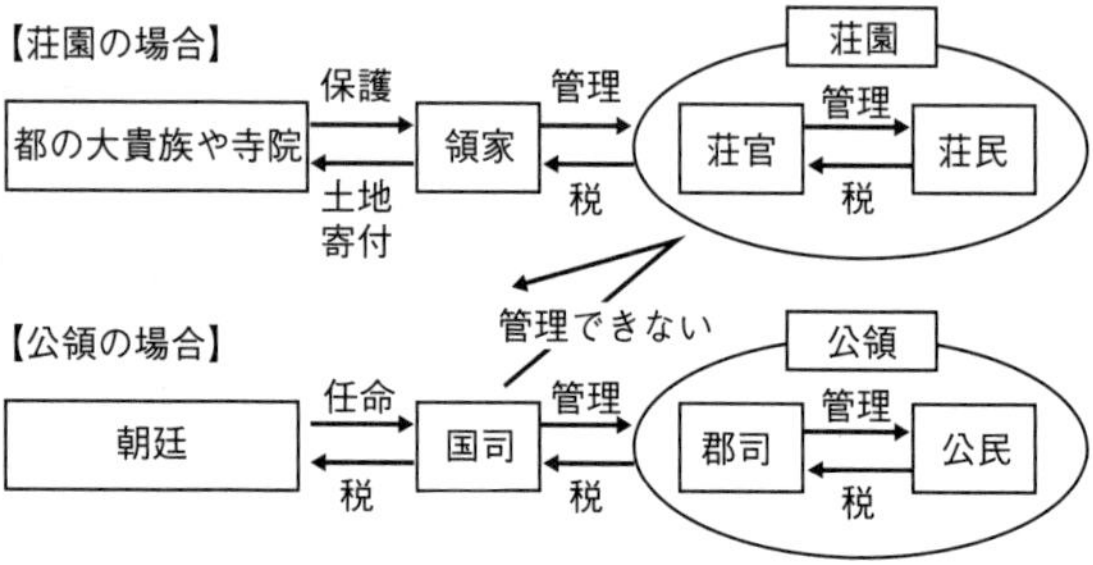

図3-1　荘園公領制　荘園で働く農民からの税金は朝廷が任命する国司が管理できない。また、領主が都の大寺院や貴族に土地を寄進することで、税が免除されることもあったという

は天皇を頂点とする国家が直接人民を統治する形がとられていましたが、この時代になると天皇（ヨーロッパであれば王）と農民の間に土地を所有する領主、図3-1でいえば「領家」とその保護者である都の大貴族や寺院が挟まり、実質的に領主がその土地の農民を治めるようになっています。つまり、日本はこの頃に封建制に移行したということです。

封建社会におけるさまざまな税

荘園領主から農民に課された税にはさまざまな種類がありました。「年貢」は荘園領主・封建領主が農民に課した税で、原則として田の年貢は米で納めます。畑の年貢は収穫した現物の場合もあれば、金納の場合もあったといわれます。「公事」は年貢・所当・官物と呼ばれた税以外の全ての雑税のことで、糸・布・炭・野菜などの手工業製品や特産品を納めるものです。「夫役」は労働で納める税で、いわゆる徴用です。

また、鎌倉時代には荘園領主の保護の下で商業が発達し、荘園領主は商工業者が集まってつくる「座（同業組合）」に生産や販売を独占させる代わりに、「座役《ざやく》」という税を徴収しました。これで商業ルートからの税収も得られるようになったわけです。座役は製品や貨幣で納めるものでした。

鎌倉時代には武士階級が台頭し、貴族や寺社が領有していた荘園を武力で乗っ取って領主となる、という変化が起こります。鎌倉幕府は地方に守護地頭という役人を置き、地頭は荘園や商工業者から強烈に税金を取り立てました。権力を笠《かさ》に着たその横暴ぶりに「泣く子と地頭には勝てぬ」という言葉も生まれています。

収入源が多様化した室町時代

室町時代に入るとさらに商工業が発展し、さまざまな新しい税が課されるようになりました。この頃出てきた税には次のようなものがあります。

・地子《ぢし》：日本の古代・中世から近世にかけて、領主が田地・畠地《はたち》・山林・塩田・屋敷などへ賦課した地代。

・段銭《たんせん》：国家的行事や寺社の造営など、臨時の支出が必要な時に地域を限定（多くは国ごと）し、臨時に課する税。

・棟別銭《むねべつせん》：家屋の棟数別に課税された不動産税。

・関銭《せきせん》：関所を通過する人馬や船、荷物などに対して徴収した通行税。ヨーロッパの内国関税にあたるものです。

・津料《つりょう》：元来は津（港）の施設の管理・維持のための費用を調達するために賦課されましたが、後には寺社の修繕費などに充当するなどのさまざまな名目をつけて賦課されるようになりました。船の大きさや積荷の種類・積載量を基準に課税されていましたが、本当は貿易で儲《もう》けている商人たちの富自体に課税したかったのではないかと推測されます。

室町幕府の財政基盤としては、まず、幕府の直轄地から上がってくる年貢と夫役（労役）、それに右記のようなさまざまな税がありました。そのほか日明《にちみん》貿易から上がってくる大きな収入がありました。

この日明貿易は、足利義満が倭寇《わこう》と呼ばれた海賊を取りしまることを条件に、中国（明）と始めた貿易です。幕府の許可を得た貿易船には、倭寇と区別するための「勘合」という印が明から発行されたことから、勘合貿易とも呼ばれました。明《みん》王朝への貢ぎ物を献上し、それに対して皇帝から物品が下賜される朝貢貿易の形をとっていましたが、実際は対等の貿易だったようで、室町幕府はこの勘合貿易から大きな利益を得ていました。このように見てくると、時代が下るに従って国の収入源が多様化していることがわかると思います。

太閤検地で応能課税に近づく

戦国時代に入り、豊臣秀吉が全国統一を果たします。ここで税制上の画期となったのが、豊臣秀吉が1582年から7年間にわたって実施した太閤《たいこう》検地です。これは全国の土地の面積や良し悪しを調べ、検地帳に記載するというものです。田畑ごとの面積や石高《こくだか》、耕作者などを村別に登録した検地帳は、今でいうデータベースを整備したようなもので、政権が税金を取る場合の基本台帳となりました。

太閤検地が画期的だったのは、それまでのように農地の面積だけで年貢を決めるのではなく、土地の良し悪しを評価した上で収穫高を見積もり、その収穫高に対して年貢を課したというところです。収穫高がどの程度リアルに見積もられたかはわかりませんが、現実的な土地の豊かさや耕作能力を反映するという、これまでになかった年貢制度としたことで、応能課税とまではいかないにしても、多少は公正な税制となったということができます。

江戸時代は年貢が主要財源に

江戸時代には、基本的に太閤検地で整備された基盤の上で、年貢の制度が継続されました。しかし税収の内訳は秀吉のそれとは全く異なり、多くを年貢が占めていたことがわかっています。

秀吉時代の財政基盤は、約200万石、全国の土地の約11パーセントに当たる直轄地から年貢や夫役を直接徴収していたほか、大阪、京都、堺《さかい》、博多といった、主として西日本の重要都市を直接支配しており、そこで活動する商人からも徴税していました。また、所有する金山銀山や、継承していた南蛮貿易から上がる利益があり、さらに琵琶湖の通行税など、流通拠点や重要都市を押さえていたことからも大きな富を得ていました。それに対して、江戸時代はどうだったでしょうか。『岩波講座　日本歴史』によると、全収入の63・7パーセントが年貢で、後はオランダとの貿易による利益から上がる税収が6・9パーセント、その他が29・4パーセント。そして全国の土地の石高で見た場合、『日本における近代社会の成立』（上巻）によれば75パーセントは大名領で、残り25パーセントが幕府の支配地です。幕府支配地のうち、直轄地が13・4パーセント、旗本御家人の領地が10パーセントで、合わせて23・4パーセント。残りが寺社領や天皇領で、寺社領が1・3パーセント、天皇・公家領が0・3パーセントと、石高では極めてわずかです。

もちろん鉱山や直轄都市も直轄領で、長崎貿易も独占するなど、秀吉時代の構造は引き継いでいますが、年貢が非常に大きな収入源となっていたことがわかると思います。これだけ年貢収入の重要性が増しているということから、江戸幕府には農地支配が完全に確立していたことがうかがえます。

また、秀吉時代は直轄領だけから税収が上がってくるという、基本的に平安時代と同じような仕組みでしたが、江戸幕府も同様の仕組みを引き継ぎます。ただし、改易（領地没収）、減封（領地削減）、武家諸法度、参勤交代、軍役などによって秀吉時代とは比較にならないほど、大名への強力な統制権を確立した点に江戸幕府の特徴があります。

とはいえ、江戸幕府の藩制度はアメリカの州政府のように分権的であり、税率を幕府が一律に決めるということはありませんでした。そのため四公六民だったり五公五民だったりと、藩によって異なっていました。さらに各藩がそれぞれ独自に「雑税《ぞうぜい》」といわれる税を課していましたし、年貢のほかに「助郷役《すけごうやく》」、「運上金《うんじょうきん》」、「冥加金《みょうがきん》」のような形でも課されました。

助郷役というのは、街道の宿駅（宿場）に人足や馬を提供する税、運上金は一定の税率による金納の営業税で、水上・市場・鉱山・問屋運上など、さまざまな種類がありました。冥加金は鎌倉時代の「座」に課した座役と同様の、幕府や藩から営業を公認されたことに対する献金という性格のもので、それが次第に税の一種に転換されて税率も定められ、毎年納めるものになりました。こういったものがほぼ確立した税制度として運用されていきます。

百姓一揆頻発の背景は？

日本史を学んだ人であれば誰でも、江戸時代の中期から後期にかけて百姓一揆《いっき》が頻発したことが印象に残っているのではないでしょうか。百姓一揆が頻発した理由の一つとして、よく飢饉《ききん》が挙げられます。飢饉があって農民は困窮し、年貢を納めることができないのに、それでも領主は無理やり取り立ててくる。そのような領主に対して農民たちが団結して反抗し、年貢の引き下げや不正代官の交代などを要求する一揆を起こした、というものです。特に大飢饉に見舞われた享保《きょうほう》（1716〜36）から天明（1781〜89）年間には、怒った農民が村役人や富農の屋敷を襲うような激しい一揆が増えています。

しかし、江戸中期から後期にかけての一揆頻発の背景にあったのは、おそらく飢饉だけではなかったのではないかと思います。時代的に商工業が発展してきていたにもかかわらず、幕府がそこに財政基盤を移せず、農業中心という時代に合わないところに課税ベースを置き続けたこと、そこからのみ取り立てようとしたために、本当に苛斂誅求《かれんちゅうきゅう》になってしまったこと。そのようなことがあったのではないかと私は推測しています。

もちろん幕府は、長崎等に絞らせた貿易拠点からも利益を得ていました。しかし、明治に近づくにつれて全国の産業構造も変化し、貨幣化は全国的にも進展しつつあったわけです。後述しますが、江戸時代の日本にとっては、この「貨幣経済の台頭」が曲者でした。年貢としては米を現物で納入するのが基本ですが、実際には米を現金に換えてさまざまなものを買う行為が盛んになっていましたし、年貢を現金で納めることも増えていたようです。商業経済が多様になってきた中では、米だけで取引するよりお金に換えてやり取りする方が便利であり、それは当然のことでしょう。

先駆的な改革者・田沼意次

明和から天明年間にかけては田沼意次《おきつぐ》の改革が行われ、幕府の新たな財源を求めて重商主義政策への転換が図られます。田沼意次というと、一般に悪者のイメージがあるかもしれません。商業の振興に力を注ぐうち、封建制の矩《のり》を踰《こ》えて商人たちとの関係性が深まり、賄賂で私服を肥やしていく。そして、腐敗した政治などに不満を溜《た》めた民衆による打ちこわしも相次ぐ中で、失脚。田沼といえばそのような印象がついてまわります。

その後、松平定信が寛政の改革（1787〜93）を行い、倹約の奨励や華美な風俗の取締りなどを進め、汚職にまみれた幕府の体制の立て直しを図っていきました。しかし、質実で清廉であればよいわけではありません。「白河の清きに魚も住みかねて　もとの濁りの田沼恋ひしき」という狂歌が詠まれたほど、その締付けは厳しいものでもありました。

田沼の改革で行われたこととして、まず、商人や手工業者の同業者組合である「株仲間」の奨励があります。株仲間の数は大阪を中心に56に上り、木綿、油などを扱う組合が多かったようです。幕府はこのような同業者組合にある種の独占をさせて商業振興を図り、そこから上がった利益を税で取り立てました。また、蝦夷地《えぞち》（北海道）の開拓を進め、海産物の生産を促進してそこからも上がりを得る構造をつくりました。長崎貿易を推進して清《しん》やオランダに輸出も行っていますし、銅をはじめとする専売制の拡大や、印旛《いんば》沼《ぬま》の干拓による新田開発も手掛けています。

つまり田沼意次が目指したのは、商業の力を利用した幕府の収入の増加でした。現代の目から見るとこれらはとても先駆的な改革であり、これらの政策を踏まえると、田沼のイメージは「経済成長戦略を立てて実行したイノベーター」というものに変わるのではないでしょうか。

しかし、田沼は経済的に力をもった人々と親しくなりすぎ、中には思惑をもって近づいてきた人もいたために、いつの間にかそちら側に取り込まれてしまったのでしょう。封建的な経済基盤の中で不満を抱えている人たちは、田沼が商業を優遇し、商人が権力に近づいて利権を得ているのを見て、当然快く思わなかったはずで、そのような人々に貶《おとし》められたというのはよくわかる話です。

そして、この先駆的な改革が封建制の崩壊を早めてしまった、ということもできるでしょう。なぜならこれは、まさしく資本主義の途だからです。この政策を進めていけば、おそらく日本も欧州的なルートをたどって近代に向かったと考えられます。この途の先では原始的な資本蓄積が行われ、それをベースに農村から機械制工業などが発達し、商人とも結びついて経済成長し——というように、封建制から徐々に資本主義的政策が離陸していくきっかけになったかもしれません。そのような経済史の発展段階を、経済学者は「離陸《テイクオフ》」と呼んでいます。

しかし、その後に出てきた松平定信は、商業を重視した田沼政治を批判し、かなり強烈に農業基盤への引き戻しを行いました。寛政の改革においては、出版統制や政治批判の禁止など、今の中国のような思想統制も行われたようです。資本主義的な思想・文化が発展しすぎると統制が緩んでくるので、ここからも農業社会にもう一度戻すという意志を感じます。朱子学以外の学問を禁止したのも、民主主義の流入を止めようとしたためでしょう。

天保の改革の失敗

寛政の改革の後に行われたのが水野忠邦による天保《てんぽう》の改革（1841～43）です。この時代は12代将軍の治世で、もうかなり幕末に近付いてきていますが、この頃も大塩の乱をはじめ飢饉からの打ち壊しが頻発していました。天保の改革では都市への農民の流入を禁じ、都市に出てきた農民を農村に帰らせる「人返し」といわれる政策が行われました。この背景にあったのは、農村で人口が抱えられなくなり、家の後継ぎになれない人たちが商工業に従事することを求めて都市に流れ込んでくるという現象です。戦後にも同様のことが起きましたが、要するに都市に行けば働き口はあったということで、このときにはもう資本主義への「離陸」が始まっていたといえます。

しかし幕府は仕事を求めて都会に出てきた人々を農村に帰し、同時に出版や風俗統制の強化も進めました。この改革には江戸や大阪周辺の大名たちが反対し、商人・町人も反発しているところを見ると、当時としてもさすがに反動的すぎたのだと思われます。今の目から見ると水野忠邦は、経済発展へ向かう流れがどうしようもなく出てきて、資本主義への途《みち》が事実上敷かれ始めていたのに、それを何とか封建制に戻そうと頑張った人だと感じられます。

水野忠邦は貨幣の改鋳も行いました。これは実質的にインフレを起こす政策です。しかし、インフレが起こると貨幣の価値が下がるため、年貢の金納にあたって税額を一定に決めている場合、年貢を受け取る側が貧しくなっていくという問題が生じます。米で納められた場合でも最後は換金したでしょうから、幕府が所有していた現金はインフレの中で目減りしていったと考えられます。おそらく、それも幕府が窮乏した一因となったのではないでしょうか。

貨幣経済が曲者だったというのは、このようなところです。このように幕府は、新しく発展してきた経済セクターから徴税する形に課税ベースを改革できなかったどころか、農村文化に戻そうとしており、それが最終的な失敗につながっていきました。

先にも述べた通り、この時代の百姓一揆は広範囲の農民が団結した大規模な一揆となりましたが、それもインフレで貨幣の価値が目減りする中で、取れるところから搾りとろうとして苛斂誅求となったことが農民を怒らせたためだと考えられます。大阪で起こった大塩平八郎の乱に至っては、主導した大塩は町奉行所の元役人です。元役人であるのに、人々の生活の苦しさを見て、大商人を倒して米やお金を貧しい人に分けようという社会主義のような思想で立ち上がったわけです。反乱が元役人から起こったことに幕府はさぞ驚いたでしょう。一揆を収束させようとした幕府は、多くの場合で指導者を厳罰に処し、武力で鎮圧しました。しかし、度重なる一揆によって幕府の基盤は大きく揺らぎ、新しい世を待望する意識が醸成されていきました。このような状況を考えると、明治維新も必然的な流れのように思われます。

2　明治維新で税の仕組みはどう変わったか

地租改正

明治6（1873）年、明治新政府は地租改正を実施し、地価の3パーセントに課税を行いました。江戸時代においても農地は公のものであることが建前となっていましたが、明治政府は土地の私有を認め、このときに土地の所有者＝地主が誕生します。また、私財であれば売買も可能になるので、土地に値段がつくようになり、地価も誕生しました。

地租改正はつまり、日本の土地制度が近代の資本主義の仕組みになったことを表しています。土地は農業社会を支える経済基盤の基本中の基本ですが、近代国家になるにあたっても統治の基本中の基本であり、政府は年貢制度に代え、地価に対して「地租」を設定して土地所有者に課税することにしたのです。これは江戸時代からの非常に重要な変化です（ただし、土地を借りて耕作を行う小作人は、地主に対して小作料を米の現物で納めていました）。

なにしろ税を米で納めると保管が大変ですし、米価の変動を受けるので財源が不安定となります。米の収穫状況から税率を定める場合、毎年の税額が異なるので次年度予算が立てられないという問題も出てきます。また、江戸時代のように藩ごとに税率が異なるのは不公平という見方もありました。そこで地租は全国一律の税率となりました。

明治初期においては、この地租が国の税収のほとんどを占めています。例えば、明治10（1877）年度には地租は歳入の69・6パーセントを占め、あとは酒税が7・1パーセント、関税が4・1パーセントです。つまり、当時の財源はほとんど地租一本で成り立っていたといってよいほどでした（浜島書店『ジュニア歴史資料』2023年より）。

納税者の側から見ると、米価が下がった年でも納付税額が変わらない制度では税負担が過重になることがあり、自作農の貧窮化は進みました。他方、小作料を米の現物で受け取っていた地主の場合は、米価が上がったときに米を現金化することで得をとることができたと考えられます。

所得税・法人税の導入

地租改正から14年後の明治20（1887）年、新たに所得税が導入されました。アメリカが所得税の導入にあれだけ苦労したことを考えると、非常に早く、大きな反発もなく入っています。さらに明治32（1899）年には法人税まで導入されました。これも非常に早い時期の導入です。

これらの新税をスムーズに入れられた秘訣《ひけつ》の一つに、所得税は所得金額300円以上の人のみを対象としていたため、納税者は当時の人口のごくわずかしかいなかった、ということが考えられます。翌明治33（1900）年には直接国税15円以上を納める人に選挙権が与えられますが、選挙権をもてたのは非常に金持ちで特権的な一部の人々、大地主や事業で大成功を収めているような人に限られていたといいます。それを考えると、所得金額300円以上という所得税の対象者も非常に少なかったといえるでしょう。具体的には、明治21年当時の課税対象は全戸数の0・36パーセントに相当する富裕層のみ（納税者数14万人）であり、払うことはむしろ名誉だということで「名誉税」とも呼ばれました。ですから反対しようがなかったところもあったようです。

日本で所得税が導入された1887（明治20）年という年をアメリカと比べると、南北戦争期の1862年に導入され、すぐに廃止された所得税よりは遅いものの、南北戦争からの復興財源という位置付けで導入された1894年と比べると、ほぼ同時期です（アメリカのこの所得税は最高裁が違憲判決を出し、翌年に廃止されますが）。その後アメリカは憲法を改正し、ようやく恒久的な所得税を入れることに成功しますが、それが1913年であり、日本の方がそれより早く入っているのです。

後進国であった日本が、近代国家の象徴である所得税の導入をこれほどまでに急いだ背景要因の一つに、軍備の拡張がありました。当時はまだ日清戦争前ですが、とりわけ海軍費が膨張しており、その軍事費の圧力が新税の創設を招きよせたということができます。当時の所得税は総税収のうち1～2パーセント程度を占めるにすぎない小さな税金でしたが、日本が経済発展していけば税収は急速に伸びていくわけで、その最初の仕掛けをここで入れておいたということでしょう。明治政府の人々は欧米の動きをよく勉強していたことがわかります。

もっとも財源調達だけが理由ならば、他の税金を増税する方法もあったはずです。しかし、当時の資料を読んでいると、地租や酒税・関税などの間接税はその負担構造が逆進的で、農村部に重い負担を与えていたことがうかがえます。実際、3パーセントの地租に対して農民が反対一揆を起こし、1877年には税率が2・5パーセントに引き下げられています。そのような状況を考えると戦争を理由とした増税は難しく、そのため所得税や法人税として、農村よりも都市に、一般大衆よりは富裕層に負担を課すことで、課税ベースの移行も図っていったと考えられます。

農村よりも都市に、一般大衆よりは富裕層に負担を課すこの所得税は、税負担の偏りを是正する目的ももっていました。1~3パーセントというゆるやかなものながら、当時、すでに累進税率があったことからも、その意義が見てとれるのではないでしょうか。江戸時代には最後まで農民にばかり負担が課せられていましたが、さすがに近代国家になると、資本主義の富の源泉に課税しようという発想が出てきたということです。

3　西洋の制度を輸入し、日本社会に定着させるプロセスとしての税制

明治政府の中で所得税の導入にもっとも熱心だったのは伊藤博文《いとうひろぶみ》で、所得税創設に際し、伊藤は一貫してイニシアティブを発揮しています。所得税にもイギリス型とドイツ（プロイ

セン）型がありますが、先述のように伊藤はロレンツ・フォン・シュタインの弟子であり、彼の租税理論と当時のドイツ・オーストリア税制の実情に通暁していました。それゆえイギリスに範をとった大蔵省案を排し、当時、連邦の形をとっていたドイツの中心国・プロイセンの「階級税および階層別所得税」をモデルとした所得税案を後押ししました。

プロイセンは欧州の新興国であり、プロイセン型の税金は英仏型よりも、後進の日本にとってより現実的なモデルを提供してくれるといえます。実際、プロイセンの「階級税および階層別所得税」は純粋な所得税ではなく、人々を所有物などから外形的に階層分けして課税する外形標準課税でした。大蔵省案のイギリス型の方が先進的で、人々の所得をよりしっかり把握できるタイプだったと考えられますが、明治初期の日本で実行できるかどうかという点を考えると、プロイセン型の方がより魅力的に映ったに違いありません。大蔵省は理想主義的で、伊藤の方が現実的だったといえるでしょう。

他の政策領域でもそうですが、明治政府はともかくも外形上は、ヨーロッパやアメリカの国家制度と遜色のない体制をかなり早い時期に整えています。ヨーロッパやアメリカが、市民革命以降かなり長い時間をかけて試行錯誤の末ようやく辿《たど》りついた途を、明治政府はわずか数年程度で駆け抜けているのです。なぜ、そのようなことができたのでしょうか。

もちろん、幕末に政府が欧米各国と結んだ不平等条約を改正するという目的に向け、憲法の導入も含めて日本はもう近代国家なのだということを欧米に示す必要があった、という事情は確かにありました。加えて、すでに欧州とアメリカで実施され、その機能がテストされた所得税モデルがあり、それを学ぶことができる立場だった、ということも大きかったと思います。実際、伊藤博文はドイツ圏の国政から最新の状況を学び、イギリスの制度やフランスの制度についても最新の情報を得ていたことは間違いなく、それらの比較検討を行う中でドイツ・オーストリア型がよい、それをカスタマイズして入れることが最適だという判断を下しています。長い時間をかけてさまざまなプロセスや闘争を経て導入に至ったヨーロッパやアメリカとは異なり、すでにできている制度について、理論上、そして実務上の課題を短期間のうちに整理すればよい状況であったこと、できあがった制度を「輸入」すればよかった環境にあったことが、早期の導入を実現できた理由だと考えられます。

もちろん、制度を輸入することと、実際にそれを定着させることとは異なり、定着させるための工夫として、さまざまなオリジナリティを発揮したであろうことは想像に難くありません。例えば、徴税機構の整備、課税対象に関する正確な情報の入手、納税者の協力、検査・罰則の整備など。地味に見えるかもしれませんが、これらを整備するのは大変なことです。たとえ限定された人々だけが相手ではあっても、日本がこれらの課題を克服し、制度として軌道に乗せ、先見性をもって明治期に所得税の定着に成功したことは、それ自体として誇るべきことであると思います。

4　「上からの税制」の副作用

育たなかった「自発的納税倫理」

明治期に所得税を定着させたのは立派なことだったとはいえ、アメリカのように「下から」の運動ではなく、明治政府による「上から」の制度輸入として導入したことは、いくつかの副作用ももたらしました。

第一に、自らの手で国家を創出したという観念が育たなかったため、その国家を自ら進んで支えようという「自発的納税倫理」が発達しようがなかったことがあります。アメリカのように「下から」の要求で政党が闘争する中で、最終的に議会で法制化され、人々が所得税を勝ち取ったのとは異なり、明治政府がヨーロッパ直輸入でストンと入れてきた税金です。

そもそも明治維新自体が、藩対藩の争いの中で薩長土肥《さっちょうとひ》という西南雄藩が勝利し、倒幕して新政府を作ったという側面が強い改革であり、その時点で一般の人々が、自らの手で国家を創出したという観念をもつことはありませんでした。自ずと「権利」として新政府に自発的に納税しようという意識も育ちようはありません。

日本で税金というと、いまだに江戸時代の年貢のように有無をいわさず一方的にとられる「苛斂誅求」のイメージが強いままなのは、この、明治国家の誕生や税制の導入などの一連のプロセスの影響によるものと考えられます。もし明治政府が藩閥政治一辺倒ではなく、大《おお》隈重信《くましげのぶ》らの民権的な運動を受け入れるような形で国家形成を進めていれば、また話は変わっていたかもしれません。

納税は「名誉」？

第二に、「名誉税」という言葉からもわかるように、日本では納税が、権利をもつ市民が担う「責任」や「義務」として理解されるのではなく、「特権」、あるいは「恩恵」とすら理解されるという歪《ゆが》みが生じてしまったこと。「名誉税」と呼ばれるに至るのは、さらに、地租と所得税を合わせた直接国税を一定額以上支払う納税者に対して、明治政府が選挙権を与えたからです。選挙権を得られれば被選挙権も得られ、地元の支配者になれる途が開かれて、名誉だけではなく実権も得られるようになります。そのような意味で、所得税の納税が「義務」でも「権利」でもなく、誇りに思うような位置付けとなった、ということもあったでしょう。

私が子どもの頃、年に一回「納税者番付」として高額納税者の氏名と納税額が発表されていましたが、これもおそらくその名残だったのではないかと思います。国家からすると、よくぞ納めてくださいましたと表彰するような感覚だったのでしょうか。名前を公表される人たちにしても、「どうだ！」という意識があったのだと推測されます。プライバシーが尊重されるようになった今では考えにくいところがありますが、つまりそのように、所得税の納税は「名士」への途だったということです。

こうして日本では、選挙権の付与という恩典によって、納税者はすっかり明治政府に飼いならされ、納税者の激しい抵抗も、アメリカの二大政党間のような激しい激突も起こらないまま、所得税はすんなり導入されていきました。

下から勝ち取っていく経験の不在

第三に、明治期の所得税導入にせよ、第2章で紹介した第二次世界大戦後のシャウプ勧告にせよ、日本において税制とは、「上から」来たり、「外から」来たりするものであったために、市民が「下から」要求し、税制改革案を政党のアジェンダに上らせ、議会で多数派をとることによってそれを「勝ち取っていく」というような経験を、未だ我々は持つに至っていない、ということがあります。

例えばアメリカでは、長い運動を経て1913年についに所得税を合憲とする憲法改正が実現したとき、「所得税を望むすべての人々にとっての決定的な勝利（"Victory"）の瞬間となった」という表現をしています。日本人の感覚では、税を「勝ち取る」というのは不思議に思えるかもしれません。税金の撤廃を勝ち取ったのではなく、所得税の導入を勝ち取った。つまり、逆進的でひどい税金だったのを、やっと累進的な税金に置き換えることができたという意味ですが、翻って考えるに、我々は日本の税制において、長い粘り強い運動の末に何かを「勝ち取った」ことがあるでしょうか。

その意味で江戸時代の百姓一揆は、アメリカの農民の抵抗とは形は異なりますし、封建制の中で弾圧されて終わったものではありますが、日本にも重税に対する抵抗運動があったということで、特記されるべきものだと思います。江戸中期の田沼意次の時代には、苛斂誅求があまりにもひどく、ことのほか激しい一揆のあった岐阜県の郡上八幡《ぐじょうはちまん》などの藩では、首謀者や農民だけでなく藩主まで処分されたケースもあったようです。

5　戦間期における「現代税制」の確立

1940年に所得税が近代化

明治時代の日清・日露戦争から昭和の第二次世界大戦までの間に、日本資本主義は高度に発展していきます。

最初に発達したのは繊維を中心とする軽工業で、江戸時代末期から明治初期には絹織物が日本の最大の輸出品となっていました。その後、日清・日露戦争に勝利し、敗戦国から多額の賠償金を得て八幡製鐵所が建設され、鉄鋼生産が始まります。そのように軽工業から重工業へと大転換が起きたのが、この戦間期と呼ばれる時期でした。産業構造が農業中心から商工業中心へ転換するに従い、所得税収も急速に増えていき、1935（昭和10）年以降、恒常的に最大の税収をあげる基幹税に成長しました。

太平洋戦争開戦前年の1940（昭和15）年には所得税の大改正が行われ、今まで一体だった法人税が所得税から分離独立しました。また、6種類の異なる所得源ごとに比例税率を課す「分類所得税」と、各種の所得を合計した総所得が一定額を超える高額所得層には累進税率をかける「総合所得税」の二本立てとなりました。実はこれはイギリス式の方法です。

明治初期の所得税導入時にはプロイセン式の制度が採用されましたが、その後、何度か制度の変更が行われ、ここではイギリス式の制度が採られています。すなわち、資産から毎年フローとして上がってくる上がり、金融資産に対する利子、人的資本（人）に対する給料、資本、工場等の資産から上がってくる利潤など、所得ごとに分類し、個別に源泉徴収していく方法です。さらに、それらを合算した総所得が一定額を超える高額所得者層に対しては、累進税率もかけられることになりました。

日本の所得税制は、ここで本格的に近代所得税になりました。個別の税金を合算するというのが、特に意味の大きいことです。合算しなければその人が納める税金のベースになる総所得が把握できず、総所得がわからなければ本当に納めるべき税額が計算できません。つまり、分類している限りは総所得がわからず、累進税をかけようにもかけられないのです。イギリスも当初は分類課税でしたが、累進税の対象となる富裕層に対してはスーパータックスという名の特別税を入れ、個々の所得を合算して申請する形に変えています。

1940年の税制改正では課税最低限の引き下げも行われ、納税者数は一挙に増大しました。ここにおいて日本でも、所得税が特定の富裕層への課税から、所得を得る者に普遍的に課税する一般的な税金に変わったということです。

戦後まで続いた「1940年体制」

日本経済の歴史を概観する際に、戦後の日本の経済システムは当時日本で占領政策を実施したGHQによる改革で出来上がった、という見立てがよくされますが、経済学者の野口悠紀雄氏は、この戦前の1940年の改革で出来上がったのだ、GHQの改革にもかかわらず戦中との連続性があるのだと主張し、それを「1940年体制」と名付けています。GHQによる改革がかなりの根本改革だったことが前提とはなりますが、確かにそういった面はあったでしょう。

GHQによって戦争協力した人が追放されていなくなり、財閥も解体され、農地改革も行われるなど、戦後になって全てが一新されたように我々は考えがちですが、細かく見ていくと、単純にそれだけとはいえません。確かに人は追放され、戦犯として処刑された人もいましたが、その後、部分的に追放が解かれて復帰してきた人も大勢いました。また、日本の諸制度についても、GHQの判断で廃止されて新しい制度に入れ替えられたものがある一方、そのまま残されたものもありました。それはGHQによる統治が間接統治方式であり、日本政府が存続していたためでもあったでしょう。GHQが日本政府に指令を出したとしても、官僚がサボタージュしたり頑強に抵抗したりすれば、戦前の制度のまま進めてしまえたところもあったようです。

所得税もそのまま戦後に引き継がれた制度の一つであり、1947年に1940年当初のものをより発展させる現代的な改正がなされました。にもかかわらず、1940年税制改正が、大衆所得税に切り替わった画期であることに変わりはありません。この所得税の累進率は非常に高く、最高限界税率は1944年に74パーセントに達しました。これは戦後を考えても最高レベルの累進率だといえるでしょう。

このように日本の所得税はこの時期に一気に現代的な相貌を帯び、同時代のヨーロッパやアメリカで実施されていた所得税に肩を並べる規模、位置づけ、内容を備える税金となりました。もちろんこの変化は、戦費調達の必要性に迫られるというきっかけがなければ生じなかったものでした。

日本における社会政策課税の始まり

戦前を中心とした日本の税制史を研究している経済学者の神野《じんの》直彦《なおひこ》氏によれば、1920年代には早くも、大蔵省内で税金を社会政策目的のために用いるというドイツのシュタインやワグナーのような考え方が現れ、貧しい人々に税金が重くかからないよう、所得分配に配慮した所得税が構想され、実践に移されたといいます。戦前の各大学の財政学講座ではドイツ財政学の研究が盛んに行われていたため、そこで学んだ官僚たちにワグナーの「社会政策的課税」の考え方がよく知られていたことは間違いありません。

1920（大正9）年に行われた税制改正では社会政策的な配慮が大幅に取り入れられ、勤労所得控除金額の拡大や、扶養控除の導入が行われました。いわゆる不労所得には重い税金をかけ、勤労者の税負担は軽くしていこうという政策です。さらに1923（大正12）年3月に成立した改正では生命保険料控除が導入されました（同年9月には関東大震災が発生し、東京・横浜を中心とした都市部が壊滅的な被害を受けています）。このように日本でも所得再分配のための政策手段として所得税が用いられたわけですが、やはりワグナー流に、あくまでも「上から」構想され実践されており、アメリカのように、広い大衆基盤をもつ運動に立脚した政党の綱領として出てきたものではありませんでした。

ただ、1929年には世界恐慌が日本にも波及し、景気が急激に悪化していく中で、日本でも独立自営の商工業者を中心とする、いわゆる旧中間層の人々によって、不公平税制の是正を求める激烈な税制改革要求運動が展開されていきました。しかし、神野氏は、そのエネルギーはアメリカのように、下からのエネルギーとして既存政党に伝えられ、それを例えば民主党が回収していくようなことにはならず、むしろファシズムの回路、つまり近衛《このえ》文麿《ふみまろ》体制を通じて回収されてしまったといいます。

というのも、右翼・ファッショ団体や軍部が、疲弊する旧中間層や農村の「救済者」として立ち現れたからです。彼らは、当時の政府ですら実現できなかった根本的税制改革の実行を主張しました。それは税制による富の再分配、そして旧中間層や農村の税負担軽減を含むものでした。これは一見「革新的」ですが、彼らの真意は総力戦体制と、その下での戦時財政の確立にありました。そのためにも旧中間層と農村の安定が必要だったのです。

実は当時、保守頑迷な国粋主義者と一線を画していた「革新官僚」と呼ばれる人々が、内務省、財務省、農務省等に存在していました。彼らは欧米のことをよく勉強している合理主義者であり、なおかつ農村の窮状についてもよく知っていたため、日本全国を統治していくためには窮乏する農民の負担を下げる必要があると考えていました。そのような認識のもと、彼らはさまざまな改革を進め、その一つの頂点が１９４０年の税制改革だったわけです。つまり、所得再分配に配慮した社会政策的税制改革も、そのような革新官僚たちのある種の思想運動として「上から」推進され、総力戦体制、翼賛体制の下で結実したものであったといえます。ここでも所得税の大改正が大衆的な運動と結びついていなかったという日本の特徴が見てとれます。

ただ、近衛文麿にはさまざまな立場の人が期待もした面があり、「ファシズムの回路を通じて吸収された」とばかりも言い切れない面があったと思います。例えば、京都大学出身の三木清は、京大でマルクスの思想に触れ、社会の不公平性や不平等性について考えていた左翼哲学者ですが、彼でさえ最終的には近衛文麿に期待をかけているのです。しかし、いかんせん近衛文麿は、政治家として優柔不断すぎました。社会政策的税制改革を進めようとしても、それを貫徹するための政治的意志が弱すぎ、その時々の主流に流され、時流に乗ってしまう面があったことは多くの人が指摘しています。結果、近衛はファシズムに向けた動きを押し止めることができなかったのです。

6 「シャウプ勧告」による現代日本税制のはじまり

現代税制への出発

本節では我々の生きている現在に直接的につながり、なじみもある戦後日本の税制を追っていきます。

日本の税制史において1940年の税制改革も大きな改革でしたが、シャウプ勧告に基づいて行われた1950年の税制改革は、戦後の税制の礎石であるという意味で、明らかな大改革といってまちがいありません。

前章でも触れましたが、シャウプ勧告というのは、アメリカから来日したシャウプ使節団が全国を視察し、日本で安定的な税制と税務行政の確立を図っていくために提出した報告書です。ここで提示されたのは、あらゆる所得を合算して累進的に課税する総合所得課税構想であり、国際的にみても非常に優れた内容をもつ税制改革提案でした。戦後日本の税制はこれによって再出発を果たしたのです。

使節団を率いたカール・シャウプ（1902〜2000）はアメリカ人であり、当然、彼の思想はアメリカの税制を下敷きにしています。戦後の財政学がドイツ財政学を離れて近代経済学のベースに基づく財政学に置き換わっていくときに、その理論とも整合性のある、きわめて現代的な理論に堪える形の提言が出されたことは、日本にとって非常に幸運なことだったのではないかと思います。1951年、日本政府はほぼ勧告に沿った税制改正を愚直に実行しました（一部については実施できないものもありましたが、一度は法律として通してはいます。

しかし、それでも日本では受け入れられず、付加価値税のように一度も実施されず廃止された税金や、3年間だけ実施された富裕税のような税金もありました）。

なし崩し的に分類課税へ

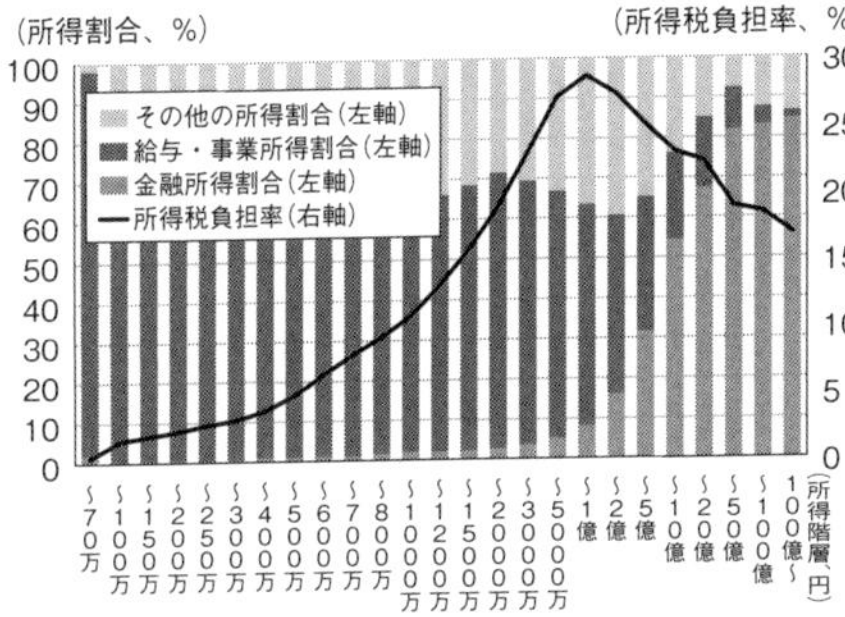

図3-2　申告納税者の所得階層別所得内訳と所得税負担率　［出所］熊倉、小嶋（2018）127頁、図18

ところが、シャウプ勧告に基づいた税制改正の直後から、現実の税制が勧告の提言内容から乖離《かいり》し始めていきます。そのポイントの第一として、所得税において利子、配当、株式などの金融所得が所得税本体から切り離され、低税率で課税されるようになってしまったことが挙げられます。これによって所得税は総合所得税としての内実を失い、事実上、分類所得税となってしまいました。

その後、ヨーロッパ的な二元的所得税というスタイルに立脚した金融所得税となり、現在に至るわけですが、そのために現在の日本の所得税負担率は、なんと年収1億円を境に低下していく逆進的な構造となっています（図3−2）。年収1億円以上の人の所得源は、多くは労働ではなく金融資産の運用等によります。しかし、金融所得に課される税率は労働所得に課される税率よりずっと低いため、金融所得の多い富裕層の税負担はそうでない人に比べてずっと軽いのです。これは日本の税制の公平上、大きな問題となっていますが、この遠因となったのが、このときの分離課税への転換だったといえます。

政策課税となった法人税

第二のポイントは、企業の設備投資の促進や輸出振興を目的として、さまざまな租税特別措置が設けられたことです。政府はいったん企業に法人税を課した後で、企業が政府の産業政策上の目的に合う行動をとる場合に限って減税を行いました。こうすることで、政府は法人税を用いて企業行動を特定の方向に誘導できます。つまり法人税は、多額の税収を上げる基幹税であると同時に、産業振興を進めるための政策課税となったわけです。現在も法人税は、れっきとした財源調達手段だとみなされていますが、実際は産業政策上のきわめて重要な政策手段として機能しているとみることができます。

自民党税制調査会の大きな権力

また、戦後の税制改正において非常に特徴的なこととして、自民党の長期政権下において、党の税制調査会が大きな力を持ってきたことが挙げられます。「インナー」と呼ばれる税制に精通した数名の長老議員が、きわめて強力な実権を振るって税制を決定してきたのです。「聖域なき構造改革」というスローガンを掲げて「官から民へ」の改革を推し進めた小泉純一郎元首相でさえ、長く党の税制調査会長を務め、「税の神様」とも称された山中貞則氏には頭が上がらなかったといわれています。実際、小泉氏はそこに手を入れることは全くありませんでした。これでは「下から」の税制改革など望むべくもないといえるでしょう。

しかも、税制調査会の仕事の内実は、自民党に毎年上がってくるさまざまな利害集団からの細かい減税要求を精査し、何をどれくらいの規模で実現するかを決めていくという利害調整にほかなりませんでした。税制全体のデザインや方向性をほとんど議論せずにすんだのは、昭和の高度成長期は放っておいても税収が増えていく幸福な時代だったからでしょう。

なお、小泉純一郎氏でさえできなかったインナーへの介入を行ったのが、消費税増税を目指す安倍内閣において官房長官を務めていた菅義偉《すがよしひで》氏でした。このとき公明党は、消費税値上げに賛成する代わりに日用品などの税率を下げる軽減税率を導入するよう要求しますが、山中貞則氏の後を継いでインナーのトップに立っていた野田毅《のだたけし》氏――元大蔵省（現在の財務相）の官僚で、税制に非常に詳しい政治家でした――は、この軽減税率に大反対します。しかし内閣はインナーの意見を受け入れず、２０１４年、公明党の主張する軽減税率の導入とセットで消費税の増税を果たしました。そして翌２０１５年、菅官房長官は野田氏を更迭したのです。それまでの税制調査会のトップといえば、専門性が高く権力も巨大で、簡単に替えることなどできない存在でしたが、そのような慣行を踏襲せず、菅氏はあっさりトップの首を切りました。それは関係者に大きな衝撃をもって受け止められました。これ以降、税制調査会の権威は大きく低下し、税制改正は官邸主導となりました。他方、菅官房長官が公明党の要求を受け入れて軽減税率の導入を断行したことで、菅氏が要職に就いていた間、自民党は公明党と良好な関係を維持していけたとみられています。

7　低成長経済、福祉国家、消費税

社会保障財源確保に向けた消費税引き上げ

日本の高度経済成長時代が終わり、低成長の時代が続く中で、社会の高齢化や経済のグローバル化が急激に進んできました。そういった変化は日本の税制にも転換をもたらさずにはいられません。

前節で安倍内閣による消費税増税に触れましたが、日本で最初に消費税が導入されたのは1989年、竹下登内閣の時代です。これにともなって行われた1988年と89年の抜本的税制改革は、シャウプ勧告以来の大きな税制改革でした。現時点から振り返れば、まさにいま課題となっている少子高齢化やグローバル化を踏まえ、低成長時代に対応できる税制に転換するための最初の第一歩だったとみなすことができます。

導入当時、消費税は3パーセントでしたが、その後、1997年に5パーセント、2014年に8パーセントと段階的に引き上げられ、2019年からは10パーセント（飲料・食品等は軽減税率の対象で8パーセントのまま据え置き）となっています。

2014年の消費税引き上げの背景には、民主党政権下の2012年に進められた民主党、自民党、公明党の三党合意に基づく「社会保障・税一体改革法案」の成立がありました。高齢化がますます進み、年金や医療費などの社会保障の負担比率が膨らんで日本がどんどん「福祉国家化」していく中で、社会保障の安定財源確保と財政健全化の同時達成は、非常に大きな課題となっていました。そこで消費税をその財源とし、グローバル化に対応して所得税をフラット化（累進所得税の最高税率を引き下げ、税率の上昇をゆるやかにすること。第1章で述べたように、グローバル化が進んでいる今、税率が高いと富裕層や企業が税率の低い国に資産を移し、国の税収が下がってしまうので、それを避ける目的で行われます）し、法人税を引き下げるという改革がセットで行われたのです。

ただ、この三党合意を前提として、つまり、消費税を増税することを掲げて次の選挙を戦った民主党は、当然のことながら大敗を喫し、政権は再び自民党に移ります。自民党政権下では、法人減税や低所得者への現金給付などもセットにし、国民の一応の理解を得た上で消費税が引き上げられました。このとき、消費税の増税で得た税収の使い途は社会保障目的に限定しています。おそらくそのようなことでなければ、消費税を上げるということで国民の多数派を形成することはできなかったでしょう。

こういった逆進的な税金は、昭和の時代までは考えられませんでした。昭和期には所得税、法人税で十分やっていけましたし、税収は毎年上がっていました。しかし、低成長期に入ってこれらの税収が上がらなくなってきたどころか、バブル崩壊後は大幅に減収していたのです。一方で高齢化はますます進み、社会保障の負担は膨らみ続けます。その中で消費税を入れるという判断は、導入をめぐって内閣がいくつも潰れるほど大変なことではありましたが、社会保障を支える安定財源を導入するという視点からすると正しい部分はあったといえます。消費税については、こういった低成長・福祉国家化の文脈に位置づけて評価する必要があるでしょう。

課題は逆進性

もちろん消費税が上がったことによる問題もいくつもあります。こういった逆進的な方向での税制改革は、税制全体の所得再分配効果を縮小させてしまうという批判は、まったくその通りです。

しかし、所得税、法人税、それから社会保険料に頼るタイプの税金しかなかったとすれば、負担は現役世代だけに重くかかることになってしまったでしょう。若い世代がますます少なくなっていく中で、そこにばかり負担を負わせるのはどうなのでしょうか。現在でも若い世代の負担、特に非正規雇用の人たちの負担は相当なものであり、重税感を抱いている人は多いと思います。その一方で、繰り返しになりますが、年間所得1億円を境に税金負担率は頭打ちとなり、富裕層の税負担は軽いものとなっているのです。これは非常に問題のある逆進課税です。

社会保険料の負担も逆進的ですが、社会保険料の場合は上がっても人々から不平が出にくいこともあって、結局、逆進的なまま進められてきています。こういった税負担の構造を見ると、高齢者も応益的に負担する消費税の方が、これよりはまだましだといえるかもしれません。高齢者の方が資産が多いのはデータから明らかであり、近年の若い世代への負担の大きさが、「こんな所得では結婚できない」「子どもを産めない、育てられない」などと家族形成の意欲を失わせる遠因となっていることを考えると、今は所得や消費財産の間でバランスをとっていかざるを得ない面があると考えられます。

逆進性はどうしたら解消するか

消費税をどこまで上げるかについては、国民の合意形成によりますし、国によってそれぞれ考え方は全く異なります。また、この逆進性をどのように考えながら、負担をさせていくかということも大きな課題です。日本が直面する制約条件を念頭に置き、高度成長期と異なる考え方に立って、現実の税制を公平課税に近づけていく努力をしなければなりません。

その方法としてはまず、所得税のフラット化や法人税率の引き下げを行う一方で、それぞれの税がもつさまざまな控除制度を廃止・縮減して、課税ベースを拡大することが考えられます。その上で、現在は税率がフラットである金融所得に対して適切な課税を行うことにより、最高限界税率（課税対象となる金額にかける最高税率）を引き上げなくても、実質的に税負担の累進性を増すことができるでしょう。

法人税においても、税金を軽減したり免除したりするさまざまな特別措置を廃止し、それによって生み出された財源で法人税率を引き下げるという、税収中立的な改革が考えられます。そのような改革を行えば、重厚長大産業に偏った優遇措置をなくして公平性を高められるだけでなく、今後、日本経済の成長を牽引《けんいん》する新しい産業の税負担を実質的に引き下げることができるのです。

さらに、消費税はたしかにそれ自体が逆進的ですが、それで社会保障支出をまかなえば、社会保障支出がもつ所得再分配効果を下支えすることができます。ヨーロッパ諸国の市民が高い付加価値税の負担を受け入れているのも、社会保障支出によって受ける利益とセットであると理解しているからです。日本もそのような視点に立って、税や社会保障のあり方を再考すべき時がきているのではないでしょうか。

8　残る課題——歳出と歳入の巨大なギャップをどうするか

今の日本にとって、歳出と歳入の間の巨大ギャップも大きな問題です。私自身は、これを今すぐ正しむべし、という立場をとっていません。歳出が歳入をはるかに上回っている中、そのギャップを埋めるのが公債＝資金調達のための借金ですが、私は、経済運営の中で公債をうまくコントロールすることは可能だと考えています。

ただ、そのためにはプライマリーバランス（さまざまな行政サービスを提供するための経費を、税収等で賄えているかを示す指標。もっとシンプルにいえば、国の基本的な財政収支のこと）を均衡化させる努力を行い、決して日本の国債残高が発散（際限なく増加してコントロールできなくなること）しないよう財政運営を行う必要があります。そのためにも、一定の税収基盤は必要です。コントロールできる範囲（具体的には、経済成長率gが金利水準rを上回ってg＞rが成立していること）であれば、実際にはリスクもあるので、ギャップがあっても問題ないとまでは言い切れませんが、適切な国債管理政策を通じてある程度国債残高をコントロールすることは可能であろうと思います。

いつの時代も単一税だけですべてを賄おうとすると失敗します。所得や賃金ベースだけに重い税金をかけていくのは単一税に近く、それはこの人口減少下の日本においては非常にきつい途だといえるでしょう。税負担の構造からみたとき、消費税という形で税負担のベースを分散していくことは、負担の痛みを分かち合うという意味でも大切なことではないかと思います。

第4章　これからの世界と税金

1　「経済のグローバル化」という難題――国境を越えられない課税権力

環境税は新たな社会政策課税

ここまで税金の歴史を追ってきましたが、本章では21世紀に資本主義経済の変化に対応して出てきた新しいタイプの税金である、グローバル・タックスと環境税について取り上げます。グローバル化や環境問題という社会の変化に対応して出てきたこれらの税金には「現状をコントロールするための税金」という考え方、すなわち第2章でも紹介したワグナーにさかのぼる「社会政策課税」の考え方とも共通性をもっています。

所得の再分配を目的としたワグナーの社会政策課税は、格差を国家の力で是正するという考えに基づくもので、純粋な財源調達手段としての税金とは異なります。20世紀前半、その考え方の延長線上に現れてきたのが、法人のコントロール手段に税金を使うという考え方でした。20世紀の半ばすぎには、法人の経済活動が活発化していったことで、社会に様々な問題が出てきました。その一つに環境汚染があります。法人の経済活動によってCO_2や大気汚染物質、廃棄物や水質汚染等の原因となる汚濁物質などが排出され、環境に影響が出るようになると、排出という行為をコントロールするために排出課徴金、大気汚染物質に対する課税、炭素税などの課税が行われるようになりました。

このような側面からは、課税という手段を行使することにより、国家が社会課題に対してどのような役割を果たせるのかということも見えてくるのではないでしょうか。

国境を越えつつある課税権力

これまで課税はずっと国家主権と結びついていたために、なかなか国境を越えられないという課題がありました。その課題は現在も継続しています。一方で多国籍企業は国境の壁を越えて、国際的な経済活動を行っています。第1章で述べたように、タックス・ヘイブン等を利用しながら税を免れている現実もあり、近年はこれが大変ひどくなってきています。

その背景となる原因は二つあります。一つは、1980年代以降、国際的な資本や資金の移動が自由化されたことです。皆さんも歴史で習ったと思いますが、1970年代初頭に「ニクソン・ショック」という国際通貨危機がありました。それまでアメリカは固定相場制でドルの価値を金と紐付《ひもづ》け、そのドルと各国通貨の為替レートを固定していました。ところが欧州諸国や日本の競争力が高まり、貿易黒字を計上して貯めたドルを金と交換しようとしたために、金の価格が高騰しました。これに伴ってドルの価値が下落したことで、アメリカがドルの価値を守れなくなりました。そして金と紐付けた固定相場制を諦め、ドルと金の交換を停止したのです。ニクソン大統領のその電撃的な発表を契機に、ドルを基軸とする国際通貨制度が崩壊しました。これがニクソン・ショックです。

今からは想像もつかないでしょうが、当時は円とドルも1ドル＝360円の固定相場制でした。日本人の海外旅行についても、「年1回、外貨持ち出し500ドルまで」という制限がついていましたし、海外からの外貨持ち込みにも制約が課せられていました。それは固定レートを守るためでしたが、それを守る必要がなくなって以降、変動相場制に移行していきます。同時に、旅行等でいくらお金を持ち出してもよいことにもなりました（税関での申告は必要ですが）。加えて1990年代にはIT革命が起こり、パソコンのクリック一つで自由にお金を動かせるようになりました。つまり、量的・制度的にお金の移動が自由になっただけではなく、それを可能にする技術も発達したということです。それらが背景要因となり、リアルな経済の決済に必要なお金の何十倍ものお金が、投機目的で国際的に駆け巡るようになりました。そのような流れの中で、1990年以降に急速にタックス・ヘイブンに資金が流れ込み、タックス・ヘイブンは繁栄していきます。

この結果、第1章でも述べたように、起きたことの一つが「税負担の不平等化」です。お金を外に持ち出しやすくなり、富裕層への課税が難しくなってしまっても、国家には税収が必要です。そのため、中間層・低所得者層への税負担が増えるという状況が起きたのです。免れることができる企業や富裕層は税を免れ、免れられない人々には負担がのしかかってくる。そのように、間違いなく税負担の不平等化が進みました。

そこで当然出てくるのが、本来払うべき税金から逃れている人々に対し、やはり課税をしなくてはいけないのではないか、という問題意識です。このような真っ当な問題意識からOECD（経済協力開発機構）を中心に議論が始まったのは、ようやく2010年代になってからのことで、その議論が形になり国際合意に至ったのは、つい最近の2021年10月のことです。詳しくは後で説明しますが、ここでグローバル・タックスと呼ばれる二つの新しいタイプの課税ルールを導入することが決まりました。

この国際合意の画期は、それまではもっぱら国家主権を構成する要素だった課税権力について、その国際的なネットワーク化が進むことになったところにあります。課税権力のグローバル化という意味では、現代国家の成立以来の大きな変化といえるでしょう。

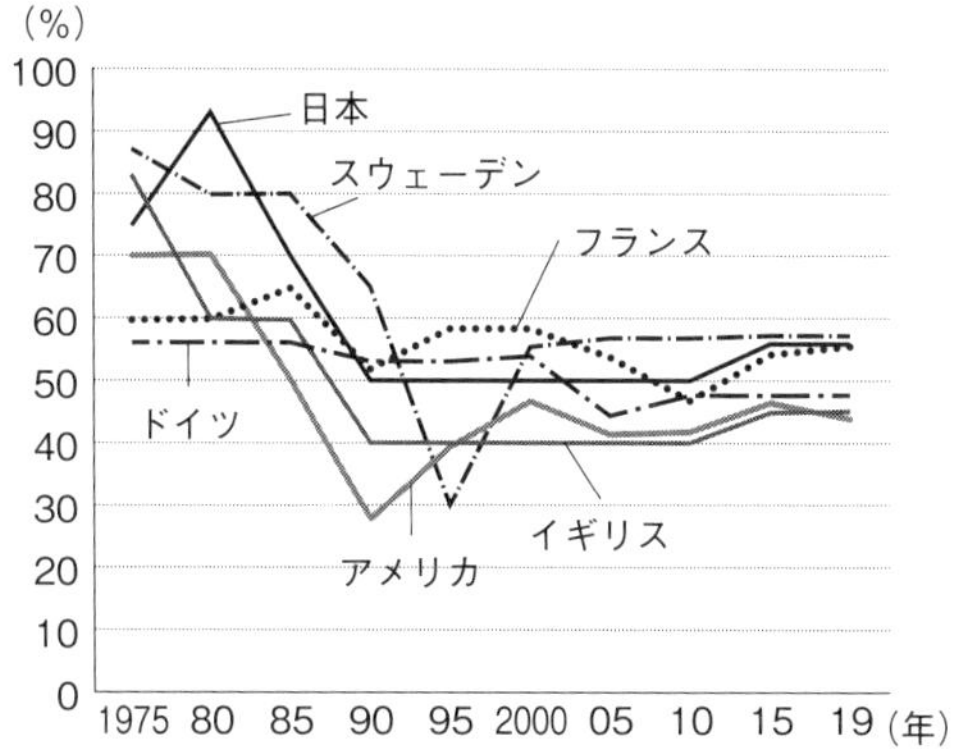

図4-1　主要OECD諸国における最高所得税率の推移
［出所］OECD Tax Database 掲載データより著者作成

2　不平等化する税負担

所得税のフラット化で所得の再分配機能が弱まった

グローバル・タックスそのものを説明する前に、そこに至る背景の一つとなった税負担の不平等化はどのように引き起こされたのかをみていきます。

経済のグローバル化によって起きたことの一つに、所得税のフラット化があります。図4－1は主要ＯＥＣＤ諸国における最高所得税率、すなわち、累進税のうちの最も高い税率の推移を示したものです。１９８０年ごろまでは日本を含めて80〜90パーセントという非常に高い最高税率をかけ

ていた国も見られましたが、1980年代後半から90年代にかけて各国で見事に下がってい
き、現在は大体40~60パーセントの範囲に収まっています。急峻《きゅうしゅん》だった所得税の税率構造が、
このように平ら（フラット）になってきたということは、すなわち所得税が強力な所得再分
配機構であることをやめたということです。もちろん完全に所得再分配を停止したわけでは
ありませんが、その効果がだいぶ薄まったというのが大きな変化の一つです。

資産の海外流出の実態

なぜこのようなことが起きたのかというと、それは所得が国外に流出してしまうからです。
それは実際、どのような状況だったのでしょうか。
税率が高い国では、富裕層が資金を海外に流出させる動きが顕著になりましたが、そうい
った企業や富裕層の租税回避のための動向は、国家にも容易に把握できるものではありませ
ん。預けられた金融機関は顧客情報の秘匿を盾に本国への情報開示を一切拒んできたため、
各国政府といえども、実際にどの程度の所得・資産が流出していたのかを知ることはできな
い状況が続いていました。
しかし、その状況は、ＵＢＳ事件やパナマ文書事件など、２０１０年代に起きた大きな情

報漏洩《ろうえい》事件をきっかけに一変します。これらの情報漏洩により、租税を免れていた企業名や人物名、具体的な租税回避の動きが明らかになり、脱税（租税回避）を幇助《ほうじょ》しているとして、秘密口座を置くスイス政府や銀行が国際社会から強く非難されることになりました。

UBS事件というのは、スイス大手銀行UBSの元行員が海外顧客の秘密口座情報を盗み出し、ドイツ政府に購入を持ちかけた事件です。ドイツ政府はその情報に基づいて脱税の摘発を行いました。これは数百年にわたって一切の情報公開を拒んできたUBSの姿勢が崩されることになった、非常に重要な事件です。

ほかに、実体のないペーパー・カンパニーの設立を専門とし、脱税や租税回避を幇助していたパナマの法律事務所から、顧客リスト等の機密文書が大量に流出したパナマ文書事件を挙げることができます。さらに、2015年2月に暴露され、情報が流出したスイスリークス事件では、イギリスの金融大手HSBCが4000人以上の富裕層顧客の巨額の租税回避・脱税を幇助すると同時に、武器商人など国際犯罪者らと取引を行い、利益を得ていたことが判明しました。

これらの事件に対し、北欧3カ国は協力して、事件に名前が挙がった国民の所得情報をもとに、一人一人について、実際に租税回避のために居住地からタックスヘイブンに流出した所得額と、その所得が本国に留め置かれた場合の本来の税額を計算するという、かなり骨の折れる研究を行いました。

その結果を示したのが図4-2です。このグラフは縦軸に本来払わなければならなかった税金総額のうち課税を免れた額の割合をとり、横軸に富裕度をとっています。グラフでは上位10パーセントという一握りの富裕な人々について示されていますが、金持ちほど、つまりグラフの右側に行けば行くほど税金を免れ、その課税を免れた額は指数関数的に増えているという結果が非常にわかりやすく表れています。図の一番右端の最富裕層が免れた税金は中位推計でも25パーセント、高位推計だと40パーセントに上り、累進制で最も高い税率を課せられる人ほど、資金を国外流出させていることが明白になりました。逆にいえば、累進制をあまり高度にすると国外への資本流出を招いてしまうという事実が改めて明らかになったわけです（不確定要素も多い

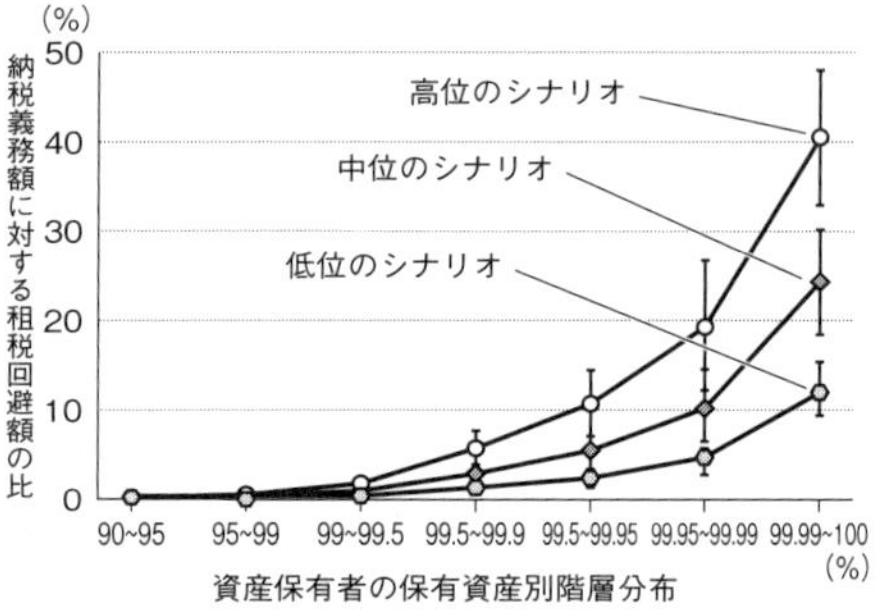

図4-2　海外資産の分布と海外での租税回避　［出所］Alstadsæter, Johannesen and Zueman (2019), p. 2092, Figure 4.

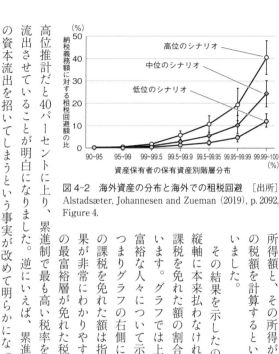

推定値なので、高位・中位・低位を設けています）。

二元的所得税と「1億円の壁」

このような現象への対処として、北欧諸国が1990年代初めから導入を始めたのが「二元的所得税」です。

本来、所得税というものは、あらゆる所得源の所得を全て合算し、その上で一本の累進税率をかけていくものであり（だから「包括的所得税」という名前もついています）、高所得者ほど税率も高くなっていきます。しかし、ここまで見てきたように、それでは所得の流出を招いてしまいます。スウェーデンでは早くも1970年代に、世界的なテニス・プレーヤーであるビヨン・ボルグが母国の税金の高さを嫌い、税金の安いモナコの国籍を取得して居住地も移してしまった、という出来事がありました。スタープレーヤーのその行動はスウェーデンにとってショッキングだったようですが、90年代以降になると、居住地を移さなくてもITの助けを借りて簡単に所得を移せるようになり、所得の流出が激しくなってきました。

このような流れに対抗するため、各国は金融所得と労働所得を分離させていきました。労働所得については今まで通り累進税率で、金融所得の方は税率一本の比例税率にするという

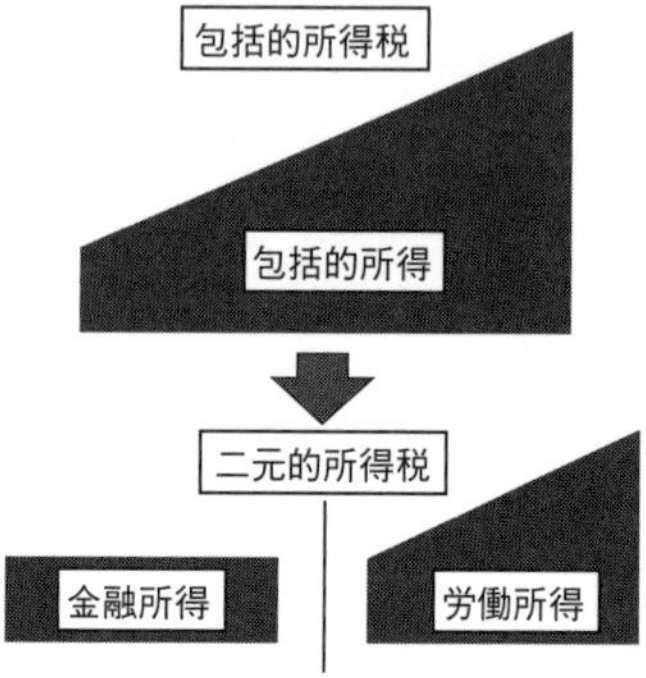

図 4-3 「二元的所得税」のイメージ
［出所］著者作成

ように切り分けたのです。日本も同様の制度となり、現在、日本の金融所得の税率は一律20パーセントです。

富裕層にとっては全所得に対しての累進制でなくなることで、まず安心感が生じます。そして、国内で納税するか、それとももっと低税率のタックス・ヘイブンに逃げるかという選択においては、情報漏洩によってその行動が露見してしまう可能性や、その場合に追徴課税される可能性、社会的地位を失う可能性などのリスクを考え合わせ、国内で納めようという判断が増えてくると考えられます。「二元的所得税」はそのような判断を期待して導入されたものです（図4-3）。

しかし、問題がないわけではありません。例えば日本では、世界のスタンダードに則って二元所得税化したことにより「1億円の壁」が生じています。

所得階層別の所得税負担率を示した前出の図3-2を見てください。累進税率によって所得が上がるにつれて税の負担率は上がりますが、それが所得1億円でピークに達し、以後は下がっていくことがわかると思います。

理由ははっきりしています。労働所得（給与・事業所得）と金融所得の割合を見ると、所得1億円をすぎたあたりから急速に金融所得の割合が高まり、所得20億円以上の人は、ほとんど金融所得で稼いでいることがわかるでしょう。1億円前後の所得の人は稼げば稼ぐほど税率が高くなる一方、給与・事業所得の割合の小さい所得20億円以上の層は、いくら稼いでも税率は20パーセントにしかなりません。そのため高所得者ほど所得に占める金融所得の割合が増えるので、それに応じて彼らの税負担率が下がってくるという、奇妙な現象が起きているのです。

法人税率の引き下げ競争「タックス・コンペティション」

不平等な税負担の背景には、もう一つ、グローバル化による法人税率の引き下げ競争があります。法人税率の引き下げ競争の先鞭《せんべん》をつけたのはアメリカです（図4-4）。1970年代にはアメリカの法人税率は国・地方あわせて50パーセント近い高率でしたが、1981年、当時のレーガン大統領の政権下で行われたレーガン税制改正で一気に40パーセント以下まで落とし、当時としては衝撃的な低さとなりました。各国は驚き、アメリカがそこまで低税率

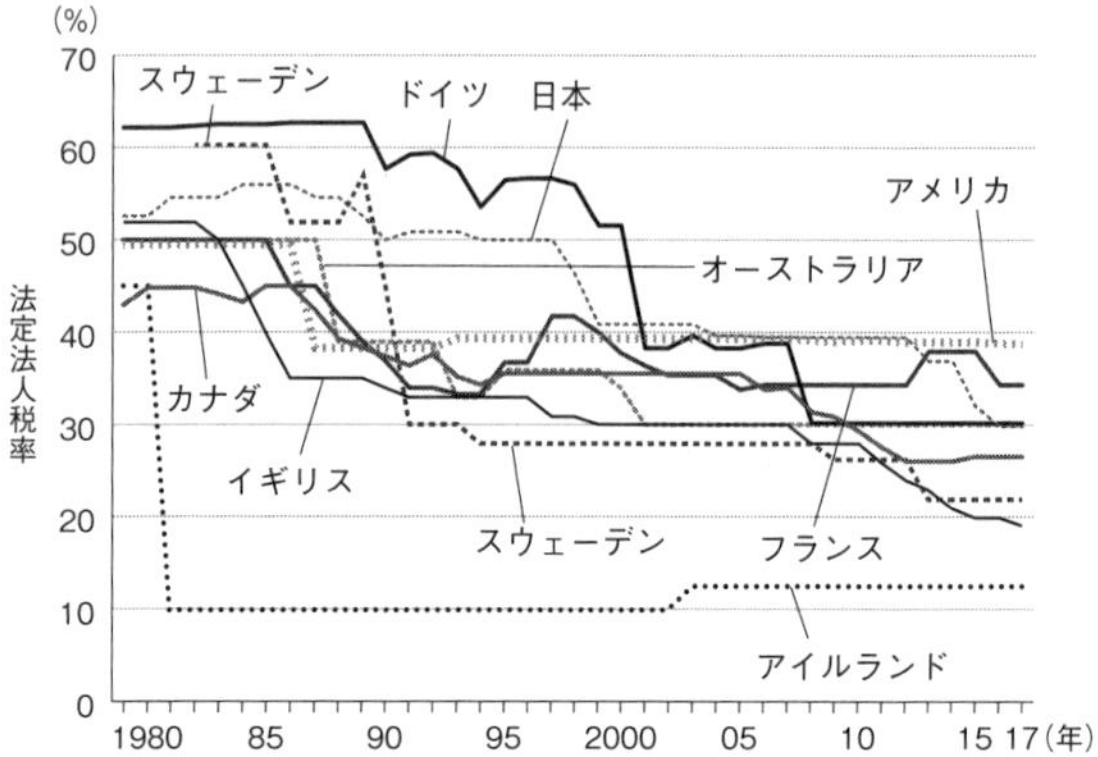

図4-4　各国法人税率の推移（1979-2018年）［出所］The Institute for Fiscal Studies, Fiscal Facts / Tax Tables および OECD Revenue Statistics 掲載データより著者作成

にして法人を優遇した場合、自国企業がアメリカに引き寄せられたり、競争条件が悪化して自国の不利になったりするのではないかと考え、アメリカに追随して次々と税率の引き下げを始めました。これがいわゆる「タックス・コンペティション（租税競争）」です。

各国が法人税率を下げていった中、アメリカはその後40年ほど税率を据え置いていたため、2010年代半ばには先進国で最も法人税率が高い国になっていました。これではアメリカ企業に競争力がなくなってしまうという懸念から、2017年12月、トランプ政権は一気に20パーセントもの引き下げを実施しました。

タックス・コンペティションは「race to the bottom（底辺への競争）」ともいわれますが、

図4-4からは、その動きが絵に描いたようにわかると思います。このような法人税の引き下げ競争は、各国に税収ロスと、福祉国家を支える財源の縮小をもたらしました。税金を取れなくなった分、必要なお金は消費税や社会保険料に乗せていくことになり、その結果、逆進性がさらに高まることになりました。

進む逆進性

歴史的には、税負担は資本（資産）と労働のどちらに割り振られてきたでしょうか。図4-5を見ると、1950～70年ごろまでは資本から得られる所得に対する税負担率が、労働から得られる所得に対する税負担率よりかなり高かったことが一目瞭然です。ところが70年代半ばからは、資本から得られる所得に対する税負担率が下がり始めた反面、労働による所得に対する負担がどんどん上がる傾向が続きました。そして2010年代にはついに逆転し、今や労働に対する税負担率の方が高い時代となっています。社会保険料も労働への課税とみなしてここに上乗せした場合には、それより早い1995年というタイミングで、すでに逆転が起きていたことになります。

経済学者ピケティらのグループが、アメリカを対象に所得階層ごとの平均税率の推移を推

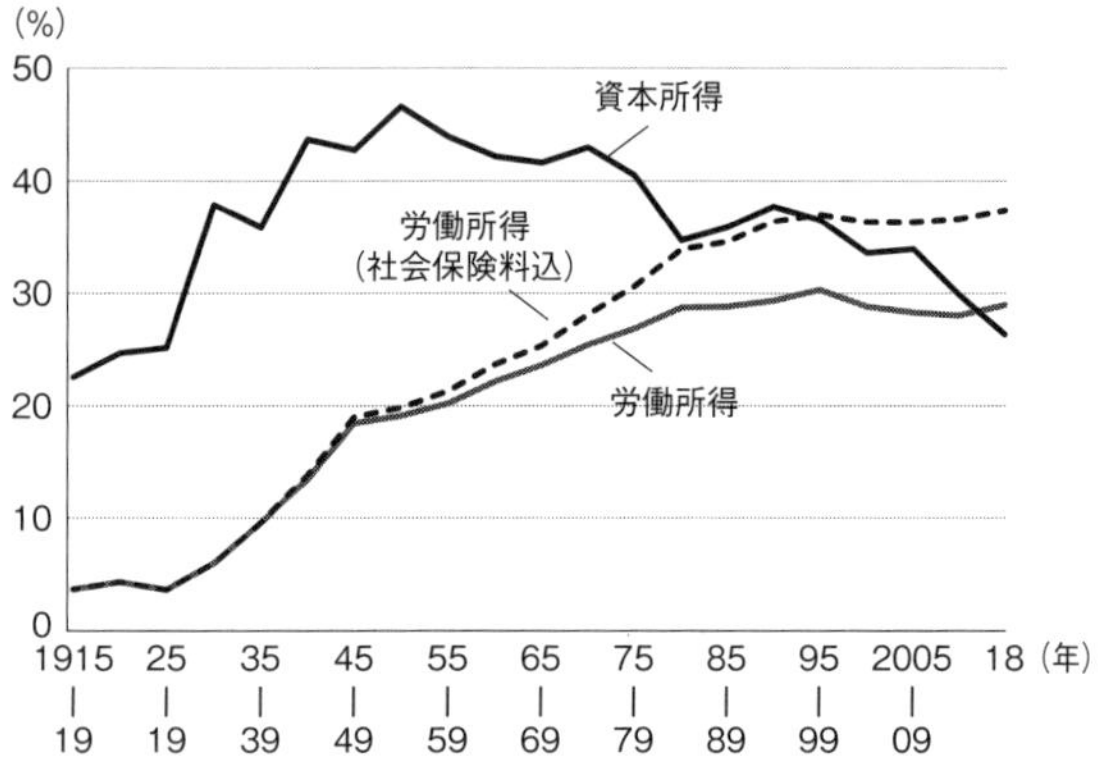

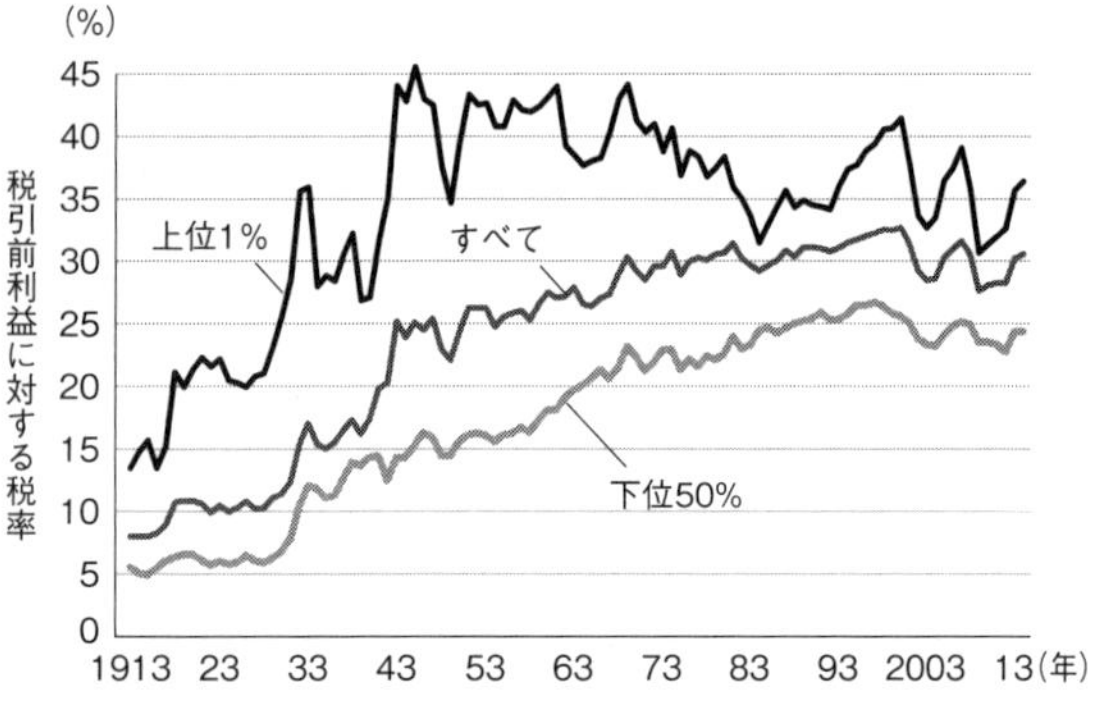

図 4-5　資本から労働への税負担シフト　［出所］Saez and Zucman (2019), p. 96, Fig. 5. 2.
図 4-6　所得階層ごとの平均税率の推移　［出所］Piketty, Saez and Zucman (2018), p. 599, Figure IV.

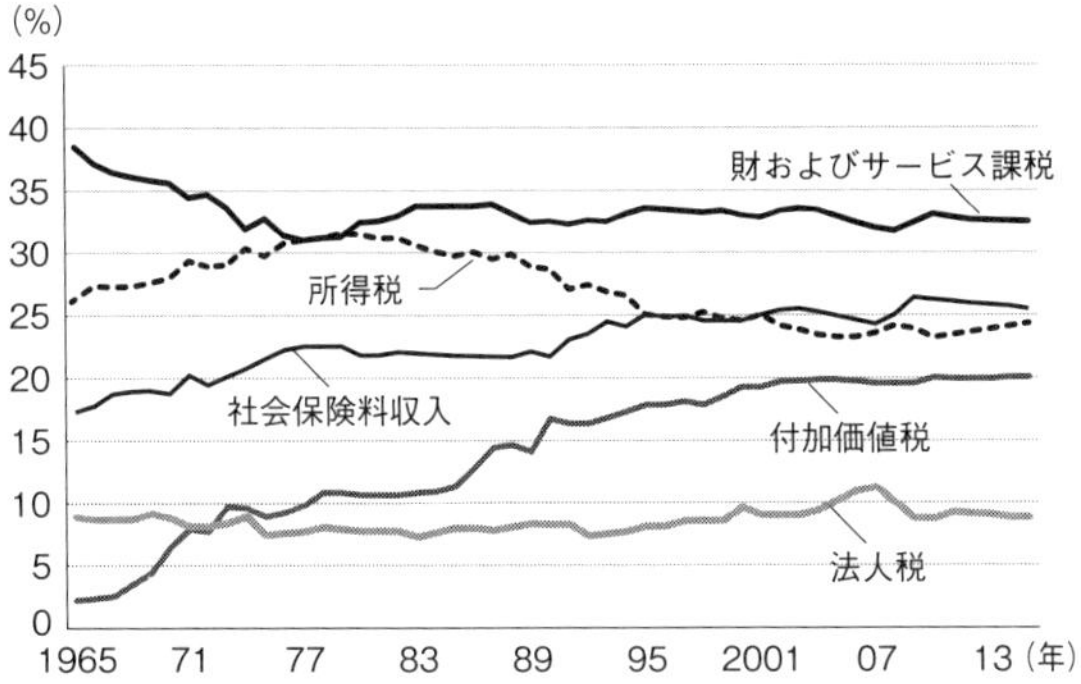

図 4-7　税負担は所得から消費へ　［出所］OECD Tax Database 掲載データより著者作成

計したものが図4-6です。これを見ると、下から50パーセントの人々の税負担率は右肩上がりで上がっているのに対し、上位1パーセントの富裕層の負担率は、上下を繰り返しながらも（アメリカなので、民主党と共和党の課税政策の違いによって政権交代ごとにアップダウンします）、トレンドとしては下がってきていることがわかるでしょう。

OECD全体で見ても、所得税が下がる代わりに社会保険料、消費税、付加価値税がどんどん上がっています（図4-7）。いずれも逆進的な負担となりますが、これがグローバル化、あるいはデジタル化が進む世界における税制の大きな変化の姿です。

これまでの世界においては、税制は応能負担を目指してきました。しかし、今では能力に応じた負担ではなくなりつつあり、それが世界における格差拡大の有力な要因になっています。もちろん課税前の段階で格差は拡大しているわけですが、以前は広がった格差を税金が是正できていたのに対し、今はそれができなくなってきており、この点が非常に大きな問題となっています。

法人や富裕層が税金を免れられる機会が増えたことも、格差拡大のもう一つの要因です。富裕層の税負担が軽減されて課税の不公平が生じ、かつ国家の税収ロスも激しくなってきました。それが現時点の世界で起きていることです。

3 多国籍企業と租税回避

租税回避のメカニズム

1990年代以降、多国籍企業の租税回避技術が向上し、より巧妙になったことで、所得の海外流出が激しくなってきました。多国籍企業は一流大学のロースクールで税法を学んで弁護士資格を取得した人々や、ビジネススクールで学んだ公認会計士たちを大勢雇い、その人々を法人税部門に配し、自らの企業が世界規模で税負担を最小化できる方法を考えさせ、その上で租税回避スキームを作って実行するよう命じています。それは株主に対する責務ですらあるという考えからですが、この点は日本人の感覚からすると驚かざるを得ないところ

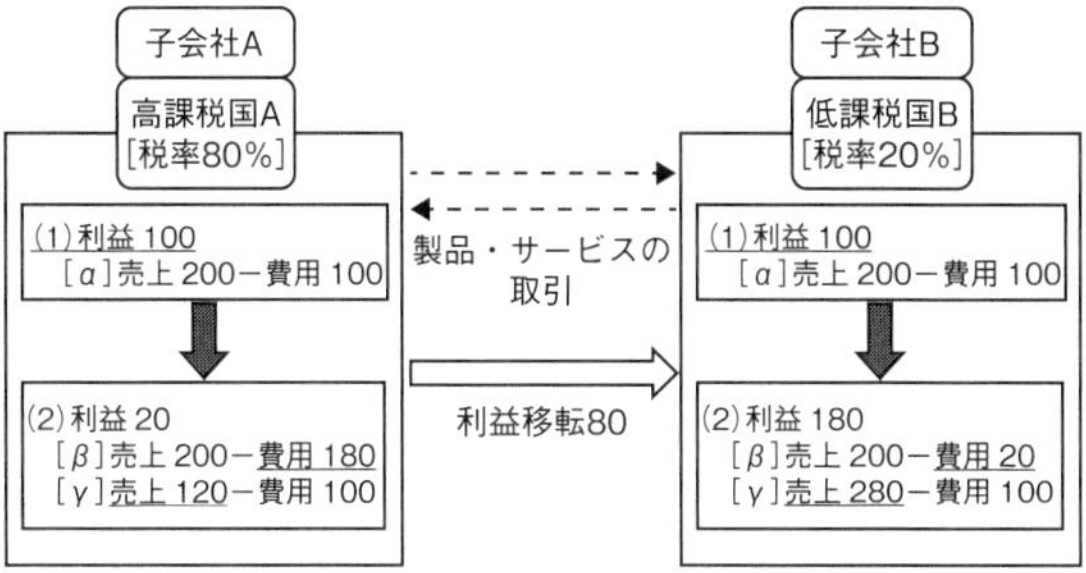

この多国籍企業のグローバル法人税負担

算式(1)：80[A国利益 100×A国税率 80%]＋20[B国利益 100×B国税率 20%]＝100
算式(2)：16[A国利益 20×A国税率 80%]＋36[B国利益 180×B国税率 20%]＝52

図4-8　多国籍企業の利益移転による租税回避メカニズム　[出所]著者作成

です。

同時に、アメリカの国民と国家の間には〝国は有無をいわせず人民から年貢を搾り取っていく〟というような関係性はなく、国民も企業も国家に対して非常にドライです。むしろ、企業が注視すべき対象は株主であり、株主利益を最大化することが使命だという意識が強く、そこから考えると、税金は株主利益を損なう対象であり、その最小化は株主利益の最大化に適《かな》い、受託責任を果たしているということになります。株主からも、たとえ世間的・倫理的におかしなことであったとしても、合法的である限りは何でもすることを求められるわけです。

具体的に、企業はどのように租税回避をしているのでしょうか。図4-8は、極端な事例により、お金の動きをわかりやすく示したものです。

世界にA国とB国しか存在しないとしましょう。A国は非常に高税率の国（仮に80パーセント）で、B国は低税率（仮に20パーセント）の国です。そのどちらの国にも子会社を置く多国籍企業があり、両国の子会社は、同じ費用をかけて同じ金額の売上を上げているとします。どちらの国でも売上は200、費用は100、利益（売上−費用）も100とします。

この利益に対して、それぞれの国で法人税がかけられます。すると、A国では100の利益のうち80を税金として納めなくてはなりませんが、B国では20しか納めずにすみます。この状況を前にした多国籍企業は、いかにA国に払う税金を減らせるかと思案し、A国に計上する利益を少なくするため、B国に利益を移してしまおうと考えるようになるわけです。しかし課税当局もそれほど愚かではないので、B国のようなタックス・ヘイブンに直接送金するとすぐに露呈してしまいます。その上タックス・ヘイブン対策税制がかけられ、結果として企業は大損することになります。

そのためどうするかというと、通常の製品やサービスの取引の形をとって、あたかも正常な取引であるかのように装うわけです。子会社同士＝仲間同士の取引においては、価格はあってなきがごとしで自由に設定できるので、利益がA国からB国に行くように、価格や費用を適当に操作して付けてしまうのです。例えば、A国の子会社AがB国の子会社Bから法外の値段の財・サービス等を購入することで、非常に大きな売り上げをB国に移動させることができます。子会社Aが子会社Bから巨額の借金をするケースもあります。その場合、子会社Aが子会社Bに多額の利子を支払い、利払いでお金がA国からB国へ流れていくことになります。子会社同士がお金の融通をすることは、商行為として十分あり得ることでしょう。しかし、それがあり得ないほど多額で、金利も高く設定され、常に高税率国から低税率国にお金が流れるように設定されているのはやはり怪しいわけです。つまりこれも典型的な利益移転の手法の一つというわけです。また、特許のライセンスをB国がA国に供与し、高額なライセンス料を払わせるという手法もしばしば使われています。

そのように、あり得る商行為を装ってお金を高課税国から低課税国に移すことで、直ちに不法行為であるとは指摘されにくくなるわけです。

価格の妥当性をチェックする移転価格税制

このような租税回避の手法に対する対策の一つとして、移転価格税制（トランスファー・プライシング）という方法があります。これは、市場にある比較可能な財・サービスを参照価格にして、多国籍企業の子会社同士が行っている価格付けが妥当なものであるかどうかをチェックし、その上で法人税の課税所得を計算する制度です。市場の相場から価格がかけ離れており、課税逃れのために行っている行為だと認定された場合には、是正させられた上で追徴課税の対象にもなります。これについては国税当局と企業のイタチごっこの歴史があり、国が企業を裁判に訴えたケースも世界中で枚挙にいとまがありません。このような移転価格税制を巡る争いはずっと続いています。

しかし、近年は国税当局が裁判に負けるケースが増えてきました。それは経済のデジタル化、サービス化の結果だといえます。これまでの世の中では、経済の中心は物（有形資産）の売り買いであり、市場で類似品の価格を確認するのも難しくはありませんでした。ところが、近年は経済のデジタル化、サービス化が進み、売買されるものが物理的な物ではないケースが増えてきました。サービスや無形資産、特許の場合は唯一無二にして代替不可能なところがあり、似たようなものが市場に数多く出回っているわけではありません。例えば、テニスラケットであれば多くのスポーツショップで売られていますが、テニスラケットの設計図に関する知財となると、世の中に全く出回ってなどいないわけです。となると、比較可能な財・サービスを決めること自体が難しく、それに基づいて「その価格設定はおかしい」と指摘できる論拠も見つからないということになります。

そのような理由で最近は、企業の無形資産ビジネスを通じた課税逃れをアメリカの内国歳入庁が訴えても、ほとんど勝つことができない状況が続いています。このようなことが問題となり、OECDによる国際課税改革につながっていきました。

租税回避の規模はどれほどか

こういったスキームを利用した租税回避がどのぐらい行われているかの傍証として、各国における外国企業と国内企業の収益性を比較してみましょう（図4-9）。左側に並んでいるのが多国籍企業が立地している、あるいは、大きな税制優遇措置を持っているプエルトリコ、アイルランド、ルクセンブルク、スイス、シンガポールといった国々で、右側がそうでない国々です。地元企業の税引き前の利益率＝法人利潤（黒の棒グラフ）の水準には各国ともそれほど大きな差はありませんが、外国企業の利益（グレーの棒グラフ）は左側の国ほど高く、しかも、ありえないほど高くなっています。その理由を一言でいうと、それらの国々には租税回避のための資金流入があるから、となります。このようにタックス・ヘイブンと呼ばれる国々では、外国企業が通常の水準ではありえないほどの利益を計上するという現象が見ら

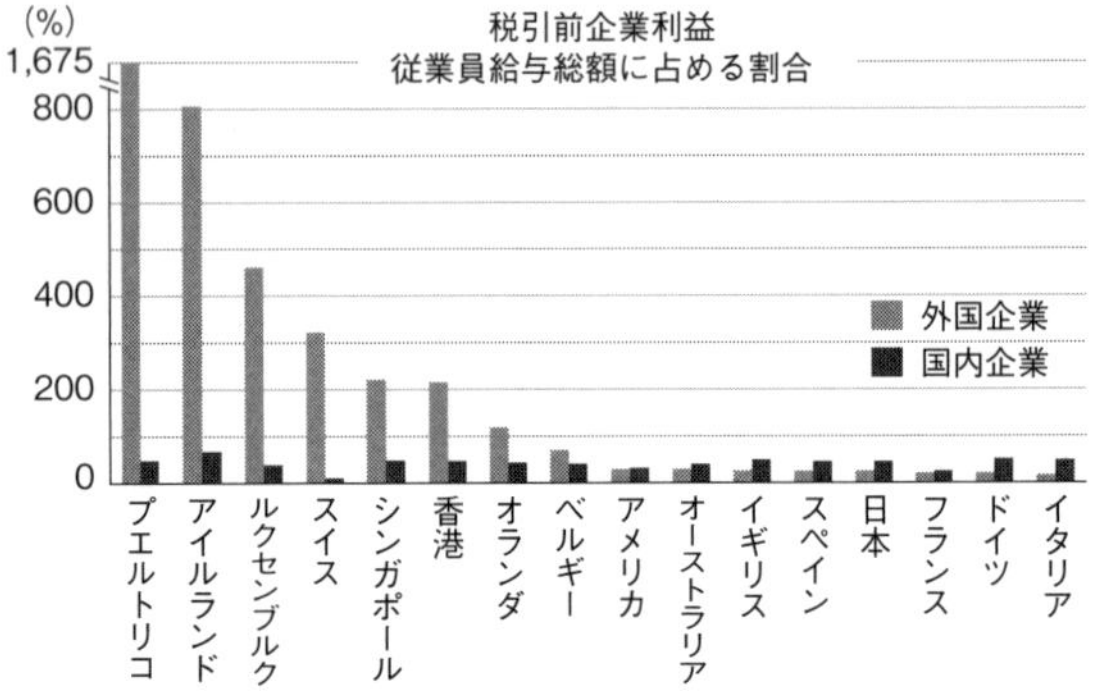

図 4-9　外国企業 vs. 国内企業の収益性の比較　［出所］Tørsløv et al. (2018), Appendix, Figure 4.

れます。

これを裏返せば、多国籍企業の本国では大きな税収の損失が起きているということになります。フランスでは法人税収の21パーセント、ドイツでは28パーセントが失われていると試算されています（図4-10）。他にもイギリス、イタリアなど欧州の大きな国は軒並み損失を食らっています。アメリカは14パーセントで、日本はそれらに比べて小さく6パーセントです。2008年のリーマン・ショックで世界的に不況に陥り、2009年の各国の税収が大きく下がった中、各国はこれをこのまま放置するわけにはいかないと考え始めました。

当時は国際的に格差の拡大が大きな問題となってきてもいました。日本ではリーマン・ショックの影響で派遣契約を切られ、仕事も住居も失った人々が

	税引前利益	うち国内企業分	うち外国企業分	移転利益	実効法人税率	法人税収の増減率
	OECD 加盟国					
オーストラリア	179	151	28	12	30%	7%
カナダ	143	96	47	17	35%	9%
フランス	188	156	32	32	27%	21%
ドイツ	553	510	43	55	11%	28%
イタリア	212	199	13	23	18%	19%
日本	634	602	32	28	26%	6%
スペイン	159	138	21	14	18%	14%
スウェーデン	63	39	24	9	23%	13%
イギリス	425	353	72	61	17%	18%
アメリカ	1889	1737	153	142	21%	14%
	主要途上国					
ブラジル	274	245	30	13	20%	8%
中国	2069	1906	162	55	20%	3%
インド	376	368	8	9	10%	8%
ロシア	290	253	37	11	14%	5%
	タックス・ヘイブン					
アイルランド	174	58	116	-106	4%	58%
ルクセンブルク	91	40	51	-47	3%	50%
オランダ	195	106	89	-57	10%	32%
カリブ諸国	102	4	98	-97	2%	100%
シンガポール	120	30	90	-70	8%	41%
香港	95	45	50	-39	18%	33%
スイス	95	35	60	-58	21%	20%

図 4-10　移転された利益——国別推計（2015 年）［出所］Tørsløv et al. (2018), Appendix, Table 2.

大勢出たことを受け、東京・日比谷公園等に「年越し派遣村」が設けられ、炊き出しが行われたり簡易宿泊所が設置されたりしましたし、アメリカでも「1％vs.99％」をスローガンに格差解消を求める運動が展開されました。そのように非正規労働者の方々が苦しみを味わったのはこの時期であり、そのような人々を救うために、あるいは経済回復のために巨額の財政支出が行われたのも、ちょうどこの時期でした。

格差が広がり、税収が落ち込み、巨大財政支出が必要になるようなときには、付加価値税を導入するなどのように、貧しい人たちへの税負担を高めることはできません。そこで、納めるべき税金を納めていない人々や企業にきちんと税負担をしてもらうべきだという国際世論が高まり、国際課税ルールの見直しという議論が出てきたのです。

4　課税権力のグローバル化／グローバル・タックスの導入

税収ロスの解決策を求めて――OECDのBEPSプロジェクト――

問題状況を法人税に限って整理してみます（図4-11）。縦軸が税率、横軸が課税ベースで、法人税収がABCOの面積で表されます。しかし租税競争が起きて税率が下がったことにより、ABHDに相当する税収が失われました。他方で、企業が利益を低税率国に移転するようになって課税ベースも縮小し、EHFCに当たる税収もなくなりました。結局、税収はDEFOの大きさにまで縮小してしまっています。

　こういった状況に対して、OECDはBEPSというプロジェクトを立ち上げて検討を重ねました。BEPSとはBase Erosion and Profit Shifting の頭文字をとった言葉です。Erosionは「漏出」という意味なので、Base Erosion は、課税ベースが漏れ出て小さくなり税収がなくなっていくという、国の立場から見た表現ということになります。Profit Shiftingは利益移転という意味です（なお、国税庁では「税源浸食と利益移転」と訳しています）。

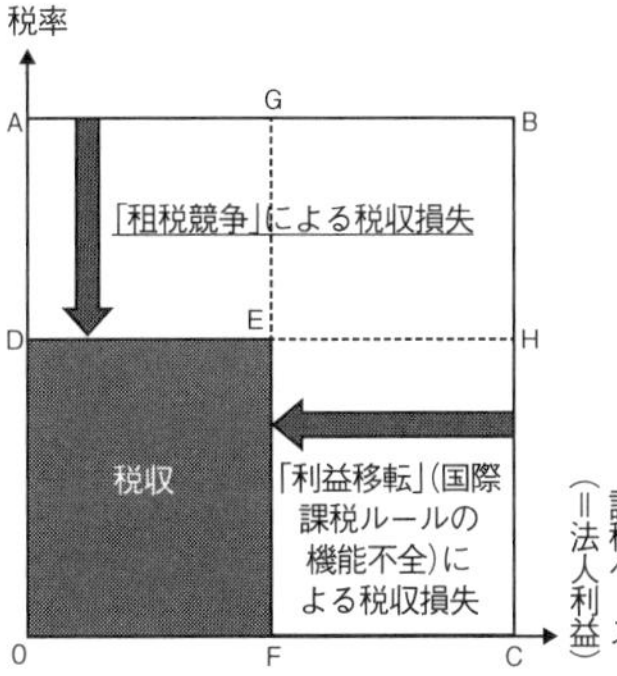

図4-11　グローバル化／デジタル化による税収損失への対処策　［出所］著者作成

　BEPSプロジェクトでは起きている問題を洗いざらい検討し、2015年に結論や改善法についての提言をまとめた15本もの報告書を出しました。大変な作業量だったことがうかがえます。2015〜16年当時、ミシガン大学で在外研究をしていた私は、BEPSの報告書についてはあまり深く読み込まないまま、画期的なものが出たのではないかと感じました。しかし、お世話になっていた国際税法学者の第一人者ルーベン・アビヨナ教授は、すぐにしっかり読み込んだ上で、これはこれまでの欠陥のあるシステムの延長線上にあるものので、わずかにほころびを繕ったにすぎないと、非常に厳しく評価しました。もっと根本的な解決策が必要だと主張されたのですが、今振り返るとその評価は正当でした。

その後2018年から、ドイツやフランスを中心にBEPS2・0とも呼ぶべき動きが出てきてプロジェクトが再開されます。ここで取り組まれたことは、一つにはBEPSプロジェクトで報告されながら具体論が全く進まなかった「デジタル課税」への対策です。デジタル課税とは、デジタル技術を中核とするビジネスモデルをもつ企業の収益、売上等に課税を行おうとする、あらゆる試みの総称だと考えてください。

経済がデジタル化したことにより、グローバル化で生じたさまざまな問題がさらに悪化すると同時に、無形資産が経済の中心になっていきました。伝統的な経済では物の貿易が中心でしたが、今やGAFAをはじめとするデジタル企業のビジネスモデルは、無形資産を核に置き、デジタルサービスを全世界にオンラインで供給して儲《もう》けるというものになりました。移転価格税制で税金を徴収しようとしたところで、もはや比較可能な物が市場で簡単に見つかるようなビジネスは行われていません。移転価格税制はすでに崩壊しているも同様の状況なのです。

そのため今はむしろ無形資産の価値をこそ評価しなくてはならない状況になっていますが、無形資産は唯一無二であり、その価値を簡単に評価できるものではありません。例えば、実際、特許の経済価値の評価は非常に難しいそうです。そのため、これに対する対策が打ち出されては、やはり根本解決にはならないと評価されることを繰り返してきました。

このように経済のデジタル化に伴って既存の国際課税ルールは適用無効化されているのにもかかわらず、先のBEPS報告書ではこの点が解決できていなかったため、これをさらに前進させるべきだという声が強まり、BEPS2・0が動き出したということです。

時代遅れのルールを見直す

移転価格税制の役割は、大きく二つあります。第一の役割は、多国籍企業が関連会社間で取引を行う際の恣意的な価格づけを防ぐことです。その根拠になったのが「独立企業原則（Arm's Length Principle：アームズ・レングスの原則）」です。Arm's Length Principleを直訳すると「腕の長さの原則」となります。これは腕を伸ばして突き放し、距離を強制的に取るというところから発生した言葉だといわれています。

多国籍企業の子会社同士では取引価格を好き勝手につけられるため、その価格が利益移転のために人為的に操作されたものではないのかと疑われがちです。そう疑われないためにも、企業は腕の長さ分だけ離れてよそよそしい関係＝独立企業同士の関係になっているはずで、そうであれば妥当な市場価格で取引すると考えられる、という考え方です。その原則に基づいて独立企業同士の取引価格を算定すれば、自国に立地している多国籍企業の子会社が上げた利益がわかります。そこから、各国間で法人利益に対する課税権を配分するという第二の役割を果たすことも期待されていました。

ところが、グローバル化によって多国籍企業がグループ統合度を高めるにつれ、各子会社が独立企業であるという想定が現実と合わなくなってきます。さらに経済のデジタル化が進み、無形資産の重要性が高まっているにもかかわらず、無形資産の経済価値を算定できないという事態も生じてきています。アームズ・レングスの原則は、もはや時代遅れの使えないルールとなっているのです。

現代の経済のあり方にそぐわなくなっているルールとしては、もう一つ、その国が多国籍企業の子会社の利益に課税できる根拠を示した「ＰＥ（Permanent Establishment：恒久施設）ルール」もあります。このルールが作られたのは、まさにモノづくりの時代である１９２０

年代のことでした。

　PEルールでは、その国に物理的なPE（恒久的拠点）があれば、そこから生み出された利益に課税できるとされます。例えば、ある国の多国籍企業が海外に進出し、進出先で工場を建てたとしましょう。すると、その国のインフラを使います。現地で人を雇って働いてもらうのなら、現地で教育を受けた労働者の質の高さの恩恵も受けることになります。インフラ整備も教育もその国の税金でまかなわれていますし、場合によっては労働者が通勤で使う高速道路や近郊列車なども税金で整備されているので、その国からさまざまな利益供与を受けることによって生産でき、利益を上げられる、ということになります。だからその国にPEを置いているのであれば、その分、現地国政府の求めに応じて法人税を払うべきだ、という理屈になります。その代わり、その国の政府が課税できるのは、あくまでもその国の治める範囲の中で上がった利益に対してだけ、と定められています。

　その国で経済活動が行われ、利益が上がっている証拠となるのがPEです。工場はまごうことのないPEですが、それに対して例えばアマゾンの倉庫はPEとはなっていませんでした。アマゾンはPEと認定されるものは巧妙に他国に置かないようにして課税を逃れていま す。こういったことに日本政府はあまり声を上げませんが、イギリス、ドイツ、フランス政府は、GAFAが欧州市場で巨大な利益を上げているのに自国がその利益に課税できないのはおかしいではないか、そういった絶妙な課税逃れを見逃すべきではない、と主張し始めました。

そもそも、どの国のユーザーにもオンラインでアクセスしてくるGAFAは、PEがなくてもビジネスのできるビジネス構造となっています。無形資産をベースに、オンラインで直接国境を越えた取引をすることで莫大《ばくだい》な利益が上がりますが、PEがないために、その利益は各国政府が課税できる利益として認定されません。その利益はどこに行くかというと、PE、すなわち各社の本社があるアイルランドです。アイルランドの法人税率は12・5パーセントと低いため、GAFAは基本的に欧州本社をアイルランドのダブリンに置いており、GAFAがイギリスやフランス、ドイツで稼いだ利益はアイルランドの欧州本社に集められるのです。

しかし、そこが最終地点ではなく、さらにプエルトリコやバミューダ、ケイマンといったタックス・ヘイブンに移されていきます。それに対してアイルランドはタックス・ヘイブン対策税制でしっかり徴税することもなく、利益移転を見逃しているといいます。GAFAからすれば、法人税率が低く、タックス・ヘイブンへの利益移転にも目こぼししてくれるアイルランドは非常によい国だということになります。

余談になりますが、それでアイルランドは損をしないのか、疑問に思わないでしょうか。結論からいえば、ある程度の損はしてもそれを超える利益がある、ということになります。つまり、法人税を諦める点では損になりますが、先端ビジネスの巨大企業が立地すると、自国の知的人材がそこに雇用されるので人材の海外流出が防げますし、関連ビジネスも集積し、法務部門などのビジネスのニーズも増えるために、知的な職業の裾野がさらに広がっていくことになります。そのような仕事をする人々は給与が高いので所得税収は上がりますし、地価も上がるので固定資産税収も上がります。そのような理由から、損はあってもそれなりに割に合うというのが実態のようです。

それに対して、税収が流出するイギリス、フランス、ドイツでは、PEがなくてもGAFAが自国民を相手に稼いだ利益には課税できるようにすべきではないか、という問題意識が当然高まります。そして、デジタル化時代にいつまでも物理的な施設を前提条件にしていること自体がおかしいという、真っ当な議論が始まりました。BEPS Ver.2では、そのような無形資産の増大に伴う利益移転の問題に「デジタル課税」をもって対処しようとしています。

新たな国際課税ルール

租税競争が進んで税率がどんどん下がっていったことに対しては、国際的に税負担の最低ラインを設け、そこに歯止めをかけようという議論が出てきます。これは最終的に、2021年に「国際最低課税ルール」として結実し、世界のどこでも最低15パーセントの法人税率をかけることで合意が行われました。

こうして国際社会は、2025年に発効予定のデジタル課税と最低課税ルールの二つの合わせ技で、これまで解決がついていなかった問題に解決の道を見出そうとしています。

実はこれは、国際課税ルールの発展史を知る人にとっては、驚くべきちゃぶ台返しの議論です。これまで全て否定されてきた議論が、突然この数年で浮上し、合意に向かっていったのですから。この背景には、経済構造の変化によって税金がそれだけ機能不全に陥ってしまったことと、莫大な利益を上げているGAFAから税収がとれないことに対する各国の不満が非常に高まっていたことがあると考えられます。

多国籍企業もこれらの議論に対し、反発するのではなく受け入れるという状況が出てきています。というのは、2019年7月にフランスが口火を切る形で以後次々と、彼らに課税

2015年10月	BEPS最終報告書の公表（OECD2015）。ただし、行動1におけるデジタル課税の課題を指摘するに留め、その解決策は提示されず。
2018年3月	デジタル課税に関する論点整理を行った中間報告を公表（OECD2018a）
2018年夏	アメリカが「マーケティング無形資産」提案を提示
2019年2月	「マーケティング無形資産」提案を含む、デジタル課税への3つの選択肢を提示した公開協議文書を公表（OECD2019a）
2019年10月	デジタル課税に関する「統合提案（“Unified Approach“）」を公開協議文書で提示（OECD2019b）
2019年11月	「グローバル最低税率」提案に関する公開協議文書を公表（OECD2019c）
2020年1月	140カ国・地域からなる全体会合で統合提案をもとに政治合意を目指すことで大筋合意
2021年10月	全体会合にて最終合意 G20財務省・中央銀行総裁会合にて政治合意
2023年7月	国際課税ルール改正に関するOECD多国間条約案の公表

図4-12　デジタル課税に関するOECDの歩み　［出所］著者作成

できない代わりに、各国が「デジタルサービス・タックス」という税金をそれぞれ独自にかけ始めていたのです。課税の仕組みも納め方もその国ごとに違ってかなり煩雑であり、GAFAの方でも自分たちがこれに狙い撃ちされるのは避けたいという思いがあったようです。

デジタル課税に関するBEPS報告書以降の流れを図4-12にまとめました。2018年に行われたデジタル課税（＝「第一の柱」）に関する論点整理が、具体的な議論の出発点となりました。そして2019年11月に、「第二の柱」といわれる「グローバル最低税率」に関する提案が出てきたことがわかります。2020年には「デジタル課税」提案と「グローバル最低税率」提案の二つに対して140カ国が大筋合意に至り、2021年10月のG20において最終的な合意が行われています。ＯＥＣＤの加盟国は50もありませんが、ここでは加盟していない途上国も含めた枠組みを作ることが目指され、途上国の代表も交えた議論や制度設計が進められた結果、１４０カ国が最終合意に参加したのです。この意味で、世界的な合意であるといってよいでしょう。

デジタル課税の課税権はどう配分されるか

デジタル課税の課税権は、これまでのＰＥルールとは全く異なる方法で配分されることになりました（図4-13）。

これまではアームズ・レングスの原則などを用いて各国の子会社ごとに利益を算定し、国ごとの利益に対して各国が課税するというボトムアップ型の計算方法でした。それぞれの国で課税された税の合計額が、多国籍企業が世界に納めた税金総額ということになります。国ごとに税率の軽重は異なり、それが低税率の国に利益を移そうという発想にもつながりました。

そこで新方式では課税方式を根本的に見直し、最初に多国籍企業の全世界利益を確定することにしました（ステップⓐ）。アメリカでも日本でも、それこそタックス・ヘイブンでも、稼いだ国がどこであっても全ての利益を合算して、まずその多国籍企業のグローバルな合計利益を算出するのです。どの国に利益を置いていても合算されてしまうので、税金逃れのために所得を移転しても意味がなくなるというところに画期的な意義があります。

<table>
<tr><td>ステップ（a）</td><td colspan="6">多国籍企業のグローバル利益</td></tr>
<tr><td>ステップ（b）</td><td colspan="5">非通常利益（残余利益＝グローバル利益の10%を超える部分）</td><td>通常利益（＝グローバル利益の10%）</td></tr>
<tr><td>ステップ（c）</td><td colspan="2">「マーケティング無形資産」による利益貢献分（＝残余利益の25%）</td><td colspan="3">「営業無形資産」による利益貢献分</td><td></td></tr>
<tr><td>ステップ（d）</td><td>A国</td><td>B国</td><td>C国</td><td>D国</td><td>E国</td><td></td></tr>
</table>

図4-13　OECDデジタル課税提案における課税権の配分　［出所］著者作成

次のステップでは、グローバル利益を「通常利益」と「非通常利益（残余利益）」に分けます（ステップⓑ）。例えばアマゾンの場合、クラウドビジネスのような高度にデジタル化されたビジネス部門がある一方で、物流企業なので倉庫の整備などの業務もあり、そこには相当な資本を投下してリアルな設備・建物等を作り、本やさまざまな製品を販売しています。そのような有形資産から生まれてくる利益を「通常利益」、無形資産から生まれてくる利益を「非通常利益（残余利益）」とし呼びます。

問題になっていたのは無形資産から生まれてくる利益なので、「非通常利益（残余利益）」に対してだけ新しいルールを適用し、通常利益については従来通り、移転価格税制やアームズ・レングスの原則もそのまま適用して課税していくことになります。「非通常利益」を確定した次のステップとして、今度はそれを「マーケティング無形資産」による利益貢献分と「営業無形資産」による利益貢献分とに分けます（ステップⓒ）。無形資産の中にも、例えばＧＡＦＡの場合、アメリカ本社で開発された無形資産（営業無形資産）もあれば、現地国・市場国で開発された無形資産（マーケティング無形資産）もあります。現地の言語に翻訳したソフトウェアや、現地で顧客関係を取り結ぶための仕組みづくり、現地の法令に対応した組織や知財のあり方などが後者にあたります。そのように、アメリカの本社で上げている無形資産利益と現地国で上げている無形資産利益を切り分けます。ここまできてようやく、無形資産において現地国側で発生している利益分が算出されました。

そして、多国籍企業が子会社を置いている国がＡ～Ｅの５カ国あるとすれば、この５カ国がマーケティング無形資産の利益に課税する権利がある、ということになります（ステップⓓ）。５カ国での課税権の配分についてはさまざまな基準があり得ますが、結論的には、最終的な売上高の比率を基準とすることになりました。Ａ国がこの部分の20パーセントの売り上げを占めているのであれば、Ａ国がその利益の20パーセント分に課税する権利があるということです。ただし、税率は自由です。最低課税ルールがあるので15パーセント以下ではいけませんが、それ以上であれば各国の主権のもとに決めることができます。

そのように新しいルールでは、上から下へ割り振っていくトップダウン型の考え方がとられています。現行の方式では、全体の利益がわからなくても自国の子会社の利益を計算すれば課税できましたが、新しい考え方では、全体が決まらないと自国にある子会社の利益も決まりません。そこが非常に大きな変更点であり、新ルールの特徴となっているところです。

もっとも、2021年の最終合意では、以上の考え方に基づいて「残余利益」と「『マーケティング無形資産』による利益貢献分」を実際に算出するのは難しいことから、前者は多国籍企業のグローバル利益のうち、10％を超える部分、後者は残余利益のうち一律25％と定められました。

グローバル化税制に対するインパクト

このように変更された場合、各国の税収への影響がどうなるかが試算されています（図4-14の「S％-P％」の欄に注目して下さい）。カナダやドイツは税収がプラスになり、日本もわずかにプラスになる反面、タックス・ヘイブンとなっているアイルランドやケイマン諸島、ルクセンブルク、それにオランダやスイスはマイナスになります。

国名	BEA データによる試算			IRS データによる試算		
	S%	P%	S% − P%	S%	P%	S% − P%
カナダ	9.4	4.9	4.6	7.6	5.0	2.6
中国	6.0	3.8	2.2	5.8	4.2	1.6
アイルランド	5.9	13.9	− 8.0	7.6	4.6	3.0
スイス	5.6	6.1	− 0.4	6.4	7.7	− 1.3
ドイツ	5.4	1.7	3.8	5.0	1.1	3.9
オランダ	4.7	13.6	− 8.9	5.0	6.3	− 1.3
日本	3.8	3.4	0.3	3.5	3.9	− 0.4
フランス	3.2	0.9	2.3	3.0	0.8	2.2
ブラジル	2.9	0.4	2.4	2.6	0.9	1.7
ルクセンブルク	1.3	4.1	− 2.7	1.8	3.9	− 2.1
ケイマン諸島	1.0	4.3	− 3.3	1.8	9.2	− 7.9
バミューダ	0.9	1.3	− 0.5	1.1	5.1	− 3.9

企業名	EEA データによる試算			IRS データによる試算		
	合衆国	非合衆国	世界全体	合衆国	非合衆国	世界全体
アップル	175	169	343	175	65	239
アルファベット (Google)	75	43	118	75	11	86
フェイスブック	64	59	123	64	22	86
マイクロソフト	255	− 67	188	255	− 84	171
J&J	104	− 17	87	104	− 28	75
ファイザー	312	− 171	141	312	−154	158
アマゾン	0	0	0	0	0	0
キャタピラー	0	0	0	0	0	0
スターバックス	− 5	11	6	− 5	7	2

図 4-14　OECD 総合提案の導入が各国の税収に与える影響（%）
BEA：アメリカ商務省経済分析局　IRS：アメリカ国税局　［出所］Sullivan（2020），Table 2A & 2B のうち一部を訳出して転載
図 4-15　OECD 総合提案の導入が米国多国籍企業各社の納税に与える影響（10 億ドル）［出所］Sullivan（2020），Table 4 のうち一部を訳出して転載

また、多国籍企業の納税額に与える影響としては、予想通りではありますが、アップル、アルファベット（グーグル）、フェイスブック、マイクロソフトとも軒並み大幅な増税となっています（図4-15）。医薬品大手のファイザーも大増税となります。ファイザーは製造業ですが、新型コロナウイルスのワクチンをはじめ医薬品は知的財産の塊であり、無形資産ビジネスも非常に大きく展開しているため、税金に関してかなり巧妙な仕組みを構築しているといいます。実際、利益をタックス・ヘイブンに移して税金逃れをする企業の筆頭格といってよいようです。

一方、アマゾンや建設機械のキャタピラは増税0、スターバックスは6に留まります。リアルなビジネスをしているキャタピラの場合、無形資産ビジネスはそれほど大きくなく、かつ利益率もあまり高くないためです。スターバックスは基本が店舗ビジネスなので、無形資産はあっても、やはり利益はそれほど大きくありません。アマゾンは意外かもしれませんが、オンラインプラットフォームやクラウドビジネスにおいては利益が大きい半面、物流の方で利益が薄く、両者を合わせると増税分はなし、ということになります。

ネットワーク型課税権力の誕生

このように定められた新しいルールを見て、私は課税権力が国家主権から140カ国超からなる「ネットワーク型課税権力」とでもいうべきものに移った点に関心を抱きました。

ネットワーク型課税権力を特徴づける要素の一つは「多国籍企業課税ベースの共有化」です。その国が自国内の多国籍企業の子会社の利益にだけ排他的に課税するというのは、前世紀の考え方としては一貫性がありましたが、それはもう成り立たなくなりました。その結果、無形資産に限っては、多国籍企業のグローバル利益を各国の共通の課税ベースにするという考え方に変わったわけです。

二つめは「グローバル最低税率の設定」です。最低法人税率は15パーセントで決着し、法人税率12・5パーセントだったアイルランドは抵抗しましたが、最終的には折れて合意に参加しました。税率設定は各国の課税主権に属し、税率水準の決定も各国の自由だったはずです。しかし、「グローバル最低税率」導入により、税率設定には下限が設けられることになりました。各国は課税主権を一部放棄し、世界共通のルールに従うことになったのです。

そして三つめが、「以上二点を実行する前提条件としての租税情報の国際的な交換・共有」です。今、各国間での租税情報の交換が非常に緊密になり、事実上、ネットワーク化しつつあります。課税主体が国家であること自体は変わらないのですが、それをするためにも、ネットワーク化して情報交換しながら自分たちの取り分を確定する作業が重要になってきたということです。

画期的なグローバル・タックスの誕生

ここまでの流れをまとめましょう。

近代の市民革命の成立以来、国民国家は課税主権とほぼイコールで進んできましたが、経済のグローバル化、デジタル化が激しくなり、所得税のフラット化や法人税引き下げ競争が行われた結果、税の再分配機能の弱体化や法人の課税ベースの損失が起こってきました。加えて、国際課税ルールが実態に合わなくなり、ほころびが生じてきていたことにより、企業による租税回避の動きが激しくなりました。しかし、国家はそれを追いかけることもできず、法人税収のロスに繋《つな》がっていきました。

その根本原因は、経済のグローバル化によって多国籍企業が所得や資産をグローバルに動かせるようになったのに、国家権力は国境の壁を越えてお金の流れを追いかけることができない点にありました。そのため解決法を考えるにあたっては、課税主権が国家の中に閉じ込められている状態を、ある程度、解き放たなくてはなりませんでした。そこで課税権力のネットワーク化という考え方が登場し、国際課税ルールが見直されて新しいルールへと移行することになったわけです。

歴史的にも世界全体を統治する「世界政府」という発想はありましたが、世界政府がいきなり実現することはありませんし、そのような議論に対してはアメリカも反対するでしょう。しかし、課税権力のネットワーク化の議論はアメリカ政府も後押ししたため、国際合意が実現した面があります。OECDもかつては今回のような話を拒否していましたが、2015年以降、急速にその姿勢を変えていきました。今から100年前の1923年、当時の国際連盟で国際課税ルールに関する専門家会議が設置され、数度におよぶ検討が重ねられた結果、1928年に「国際連盟モデル租税条約草案」の制定に至っています。今回は、このような世界の大きな変化の中で、各国政府が従来以上に緊密に情報交換しながら協力し合い、100年ぶりに新しいタイプの課税ルールを創出させたということになります。この100年ぶりの改革には非常に大きな意義を見出すことができると思います。

ネットワーク型課税権力は世界政府ではありませんが、従来型の国民国家単位の課税主権とも違います。課税ベースと税率、そして誰を対象に課税するのかを決める権限は課税主権の中核要素ですが、最低税率を一律に決めたということは、いわば中核要素の一部を放棄させたということになります。そのため法人税率が15パーセントを下回る12・5パーセントだったアイルランドなどは抵抗したわけですが、国際社会から、それではもういけないのだと説得されました。その点からしても、やはりこれは歴史の流れの中の、進歩だといえるかはわかりませんが、一つの画期であることは間違いありません。

一方、課税主権がグローバル化し、国家同士がネットワーク化しても、市民はまだ国民国家単位でしかありません。近代の課税の歴史からいうと、税金を取る権力は必ず市民から課税についての同意を得なくてはならず、「同意なくして課税なし」「代表なくして課税なし」という鉄則ルールが成立しています。そこから考えると、課税がこのようにグローバルの次元に上がってしまったとき、課税権力のネットワークをコントロールできる議会はあるのか、という問題が新たに浮上してきます。もしそのような課税権力が専制政府のようになって苛《か》斂誅求《れんちゅうきゅう》に走り出したらどうするのか（すぐには考えられない事態ではありますが）、それを止める法的根拠のある強制力はあるのかと問われても、その答えはありません。そのようなネットワークも全て各国に根を持っているので、それぞれの根っこの部分では、議会制民主主義のもとで市民から政府がコントロールを受けることになってはいます。しかし、そうではあっても、近代が育ててきた国民国家の図式——執行機関としての政府をもち、その政府は市民社会を構成する市民が選出した議会によってコントロールされる——は、グローバル次元ではまだ成り立っていません。その点については、今後の重要な議題となっていくと考えられます。

5　21世紀最大の社会問題としての地球温暖化とカーボンプライシング

脱炭素社会の実現に向けたカーボンプライシング

今世紀に注目されるもう一つの新しい税金、環境税に話を移します。

企業の行動を変えることを目的に、二酸化炭素の排出に金銭的な負担を求める「カーボンプライシング」が、日本でもついに導入されることになりました。２０２３年５月にＧＸ推進法が成立し、その中でカーボンプライシングの導入が決まったのです。ＧＸとは「グリーン・トランスフォーメーション」の略称で、化石燃料からクリーンな再生可能エネルギーなどへ転換することで、脱炭素社会を実現しようとする取り組みをいいます。

ＧＸ推進法の中にカーボンプライシングを入れる必要があった理由は、まず、地球環境問題としての気候変動問題を解決するためには、CO_2をはじめとする温室効果ガスの排出量を減らさなくてはならないからです。温室効果ガスの排出量については各国が削減目標を設定しています。日本の場合、菅義偉《すがよしひで》内閣の時代に「2013年を基準として2030年までに46パーセント削減する」ことを国際社会に約束しました。この目標を達成するには相当な変革が必要です。エネルギーであれば、化石燃料を減らしながら再生可能エネルギーに切り替えていく必要があり、それには膨大な投資も必要です。鉄鋼産業ではこれまでとは異なる製鉄法に転換し、CO_2を大幅に減らす必要があります。自動車もガソリン車からハイブリッドへ、そしてハイブリッドから電気自動車へ転換していかなければなりません。それらへの移行は一朝一夕にはできないため、しっかり投資もしながら長期的に取り組む必要があるわけです。

日本が脱炭素社会に移行するためには、2030年までに150兆円を超える資金が必要であると試算されていますが、日本ではGX推進法により、このうち20兆円分は政府が支援することになっています。その資金はGX経済移行債と名付けられた国債の発行によって調達されます。つまり、まずは国が借金をして調達することになります。すると将来借金を返済していくための財源も必要となり、その将来財源がカーボンプライシング、すなわち「炭素への価格付け」という名前を付された炭素税によって調達されることになりました。

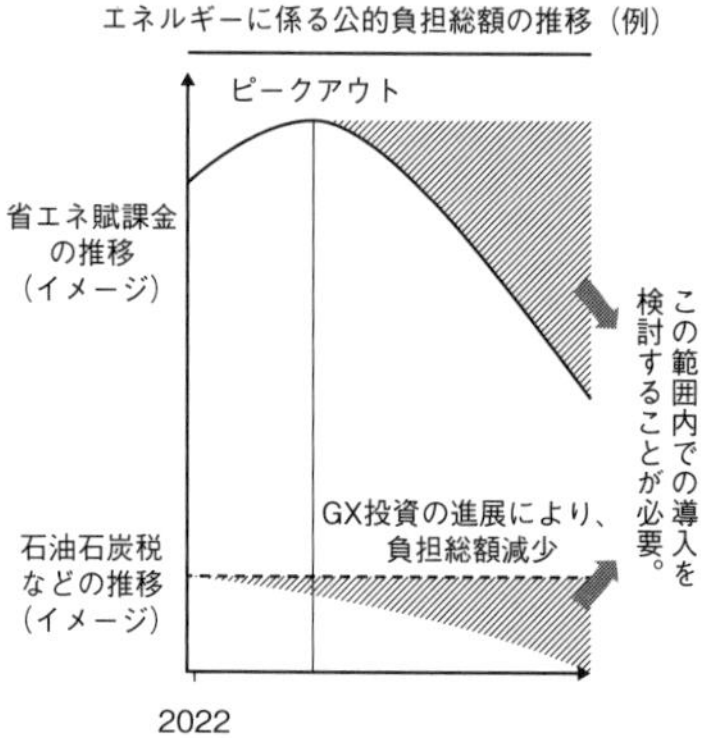

図 4-16　炭素賦課金の段階的引き下げ
［出所］経済産業省産業構造審議会「GXを実現するための政策イニシアティブの具体化について」（事務局提出資料）、スライド24枚目

カーボンプライシングには、炭素税のほかに排出量取引制度も含まれています。炭素税は、法律上は「炭素賦課金」という名称で呼ばれます（炭素税と名付けた場合は税収が財務省に入りますが、炭素賦課金とすれば経済産業省の懐に入るためだそうです）。

もう一方の排出量取引制度というのは、個々の企業に排出枠（温室効果ガス排出量の限度）を設定し、企業が自ら削減するだけでなく、排出枠を他の企業等と取引することによっても削減とみなすことができる制度です。企業活動が活発なときには排出量が増えますが、それによって排出枠を超えてしまう場合、より削減が進んでいる企業等から余剰分の枠を買い取ることで、計算上、当初定められた排出枠より多く排出することが可能になります。

そのような排出量取引制度と炭素賦課金（実質的には炭素税）をまとめて、カーボンプライシングと呼んでいます。本来、税金は財源を調達するための手段ですが、このタイプの税金の第一の目的はCO_2の排出を減らすところにあり、税収はあくまでも副産物としての位置付けとなります。

今までにも温暖化対策税など炭素税に類する税金の導入については、産業界の負担が重くなり、競争力が下がってしまうということで、産業界が伝統的に反対してきました。そのため今回のカーボンプライシング導入にあたっては、新たに税金を導入しても経済界の負担が増えることはないと示すことで、受け入れてもらえるよう説得がなされました。

新しい税金を入れても負担が増えない理由として、一つには、再エネ賦課金（FIT賦課金）が下がるということがあります。再エネ賦課金とは、再生可能エネルギーの導入に伴い、私たち皆が電気料金に上乗せして払っているお金ですが、再生可能エネルギーの買取金額が下がってきたため、2023年をピークにその後は下がっていくことになっています。もう一つの理由は、今後CO_2を減らす動きが強まることで、現在課せられている石油石炭税の税負担が減っていくと予想されることです。そのため、従来の負担の範囲内で新しい負担を入れることができ、追加負担にはならない（図4－16）ということで、産業界は炭素税を受け入れることになりました。

「環境税」の起源

環境税は本当に新しい税ですが、その起源は第1章で出てきたA・C・ピグーです。ケンブリッジ大学の経済学講座二代目教授であるピグーは、著書『厚生経済学』（1920）の中で、環境税を理論的に正当化しました。その趣旨をシンプルに説明すると、次のようになります。

企業は生産することで環境を汚染しているとしても、通常はそれを全く気にせずに、原材料、工場の建設費や土地の代金・賃料、人件費などを費用として算定し、コストを払っています。それらを使って生産活動を行い、利益を得て、その利益からお給料を払い、借金を返し、利子を払い、部品代金を払いなどして、お金はまた支払われる先に戻っていきます。企業経営者のミッションは、売上からコストを差し引いた利益、いわゆる法人利潤を最大化することにあることになっています。

しかし、ここには欠落している問題があります。例えば、もしその企業が生産活動に伴って大気汚染問題を引き起こし、喘息《ぜんそく》患者が大量に出ているとしても、それは企業の経済計算の中に全く入ってこないのです。そういうことを計算の中に入れたとしたら、企業の利益が

○ 多くの炭素税導入国において、税率の顕著な引上げが行われている。
○ フランス、アイルランドおよびカナダでは、中長期的に大幅な炭素税率の引上げが予定されている。
○ 我が国の地球温暖化対策のための税の税率は、2016年4月に最終税率の引上げが完了したが、諸外国と比較して低い水準にある。

主な炭素税導入国の税率推移及び将来見通し

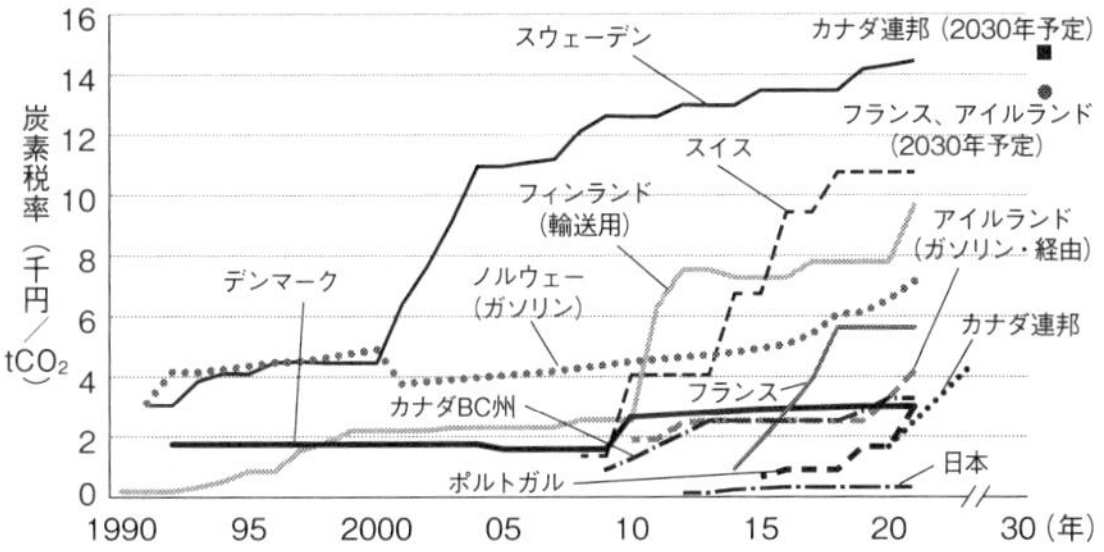

図 4-17　主な炭素税導入国の水準比較　［出所］みずほ情報総研

理論が出てから現実になるまで、ちょうど半世紀の時間がかかったことになります。その後、水領域から大気汚染、農薬肥料、地球温暖化まで課税対象が広がり、導入国も世界的に拡大していきました。

炭素税・カーボンプライシングについては、気候変動問題がグローバル課題の最優先事項と考えられるようになった1990年ごろから導入が始まりました。その後は今日に至るまで、毎年のようにどこかの国が新たに入れていくような状況で、税率もどんどん上がっています。ちなみに、日本では2012年に導入されましたが、産業界の反対が大きいこともあり、ほとんど地を這《は》うような税率で推移しています（図4-17）。

グローバルなデジタル課税のような新しい税金は、世界的に非常に不公正な税負担を、政府が新たに税金という手段を使って是正するという意味も含んでいます。これに対して環境税は、もちろん税収の足しになればよいですが、政策目的が達成できたらよしとするという方向性の税金でもあります。このようなものを政策課税といいます。

第2章のニューディール政策のところで述べたローズヴェルト政権の留保利潤税も、独占・寡占体が利益を法人の中に溜《た》め込む企業行動を是正させるために導入した、すなわち、経済を税金という手段を使ってコントロールしていくために導入したという意味においては、やはり政策課税の流れの中に位置付けることができるものです。

6 「国家観」の表現としての税金

資本主義と社会政策課税

ここまでお読みいただいたことで、税金を論じることは国家のあり方を論じることに他ならないことが、なんとなく感じられてきたのではないかと思います。しかし、国家のあり方をどうとらえるかは、資本主義経済をどうとらえるかで大きく異なってきます。アダム・スミスのいうように資本主義は放っておいても自律的にうまくいくととらえるのか、それとも放っておくと問題が生じるために、国家が介入しなければならないと考えるのか。

前者であれば、国家は市場に対して控えめに存在するだけでよく、市場ができない仕事を最小限果たせばそれで十分です。この場合、税金の負担はなるべく低い水準に留め、課税の仕方も、企業や市民の資本蓄積を妨げないように設計されるべきだ、ということになります。この「国家は市場を邪魔する存在であってはならない」という考え方が、フランス重農学派からイギリス古典派経済学に至るまで共有されていた原則です。しかし現代においては、国家が経済に対して中立的でなければならないという点だけを強調するのは、やや保守的に思えます。

ここからは一部、税の歴史のおさらいをしながら、国家と資本主義、税金との関係について考えていきたいと思います。

歴史的には、絶対王政から近代的な国民国家への過渡期に、国家が市場に介入しないという原則は資本主義を担うブルジョアジーを興隆させていきました。彼らは絶対王政による恣意的な課税を抑え、国家に経済合理性の枠をはめようとした点でむしろ進歩的な役割を担っていました。これに対して、自由放任にしていては市場が必ずしもうまく機能せず、国家の介入が必要になると考える経済学者、財政学者も数多くいました。税金に新しい役割を与え、その新機軸を打ち出してきたのは、どちらかというとこの系統の経済学者・財政学者たちだったといえるでしょう。例えば19世紀ドイツのワグナーは、資本主義経済の発展につれて階級の分化、格差の拡大、貧困問題が激しくなっていくのをみて、税金が財源調達手段としての役割を果たすだけでは、もはや不十分だと考えるようになりました。累進所得税に関してより精緻な理論化を成し遂げたのは20世紀のピグーですが、「政策課税」の概念は、まずはワグナーに始まったといえます。

資本主義システムには軌道修正が必要か

20世紀に入ると、経済学者たちが立ち向かう問題は再分配問題から独占・寡占問題へ、さらに1970年代以降は国境を超える投機的な資本移動の問題へと拡大していきました。

19世紀の経済問題と20世紀の経済問題が異なるのは、20世紀に入ると資本主義経済システムそのものについて、軌道修正が必要だと経済学者が感じ始めた点にあります。19世紀であれば、基本的には経済成長を促し、その過程で生じてくる貧困問題や格差の問題に対して、別途対処していればすみました。マルクス主義者を除いて、資本主義の発展そのものは疑われていなかったわけです。ところが20世紀には、企業が合同・合併を繰り返し、より巨大な独占・寡占体の形成に突き進む資本主義の軌道そのものが、誤った方向に向かっていないかと多くの人々に疑念を生じさせることになりました。そして、19世紀に10年周期で起きていた「周期的恐慌」の山と谷は、時代とともにますます振幅が激しくなり、ついに1929年、世界を巻き込む大恐慌が起こります。

1970年代以降の資本主義の航路も同様です。実物経済を離れて自立し始めた金融経済が国境を越えて膨張し、周期的に通貨危機やバブルの生成と崩壊を繰り返しながら、その規模をますます拡大していきました。それが2000年代には誰も制御できなくなり、2008年のリーマン・ショックを契機とする世界的な金融危機に帰結します。1997年の「アジア通貨危機」からわずか10年余り後のことでした。

これらの危機にもかかわらず、資本主義にはそれらを次々と乗り越えてさらなる発展をしていく強靱《きょうじん》さがあります。しかし、このように危機が繰り返されるということは、資本主義経済そのもののどこかに内在的な欠陥が備わっているのではないか、という疑いもまた呼び起こされてきます。そして、そのような内在的欠陥をコントロールする手立てがない限り、危機は再び繰り返されると考えざるを得ません。これは、「資本主義経済システムそのものには何も問題はなく、ただ、その発展過程でどうしても格差などの副作用が生じるので、それに対してだけは別途、対処しておかねばならない」という議論とは、また次元が大きく異なるものです。

1929年の世界大恐慌を受けて、アメリカのローズヴェルト政権は、法人税を活用して独占・寡占体をコントロールし、それを通じて経済復興を図るという野心的な課題に果敢に挑戦しました。それは全面的に成功したとはいえませんが、累進的な所得税を中心として、法人税、資産課税からなる直接税中心の税体系を、戦後世界における税制のスタンダードとして確立することには成功しました。これらの税体系は、豊かな税収を生み出すとともに、資本主義経済システムの中に深く埋め込まれることになりました。この「埋め込まれた」税制は、第二次世界大戦後には個人と企業の意思決定に常に影響を与え、所得と資産保有に法外な格差拡大が生じるのを防ぎつつ、経済の安定的な運営に貢献してきたと評価できるでしょう。

2013年には、EUがリーマン・ショック後の金融危機を受けて先行11か国による金融取引税の導入を承認しました。国境を超える投機的金融取引を税制で制御するという歴史的実験に、彼らは世界で初めて本格的に取り組もうとしたのですが、金融業界の強い反対もあって、未だ実施に至っていません。この金融取引税はうまくEUの経済に「埋め込まれ」、金融を、実物経済の発展を支えるという本来の役割に戻すことに成功するでしょうか。我々は今後、注意深くその成否を見守らねばなりません。

受け継がれる「資本主義観」と租税思想

金融取引税の最初のアイディアは20世紀の経済学者トービンにありました。このトービン税構想は、ケインズの「証券取引税」の提案に根をもっています。ケインズは自由放任を批判しつつ、金融を「実物経済の僕《しもべ》」と位置づけ、国際的な資本移動をコントロールするブレトンウッズ体制の構築に、文字通り命懸けで尽力しました。そのようなケインズの思想を継承したトービンから、国境を越える資本移動が激化するグローバル時代の世界にふさわしい新しい政策課税構想が提出されたのは、決して偶然ではありません。

ケインズとトービンは、(1)自由放任下の資本主義が、そのままでは経済的に最適な状態を達成することはできないこと、そのためには、(2)理性に基づく「人為」の力で資本主義がうまく機能できるよう制御する必要があること、これら二点について、完全に認識を共有していました。つまり資本主義が「健全な」発展を遂げるためにこそ、政策課税を用いた国家の手による資本主義経済システムの制御が必要だと考えていたということです。

資本主義経済システムには欠陥が内在していることを認めた上で、それを解決し、コントロールするための政策課税を構想するという知的伝統は、ワグナー、ピグー、そしてタグウエルらローズヴェルト政権下のブレーンとなっていた知識人に至るまで広く共有され、継承されてきたといえます。

ケインズの同時代人であったピグーは、自由放任にされた資本主義経済は、労働、失業、所得分配、独占・寡占、環境に至るまで、さまざまな問題を生み出すにもかかわらず、それを自ら解決できるわけではないこと、したがって国家がさまざまな政策手段を駆使して問題解決に踏み出す必要があることを認識していました。1919〜20年に「所得税に関する王立委員会」委員として英国の税制論議に加わったピグーは、著書『厚生経済学』の中で、累進所得税の導入が所得再分配を通じて経済厚生最大化を達成すると説き、その理論的な根拠づけを行いました。同時に彼は、当時誰の目にも明らかになりつつあった環境問題に対して、原因となっている企業等に対して汚染物質排出量に応じて課税する環境税を導入すれば、やはり経済厚生を最大化できるとして、環境税を歴史上初めて経済学的に根拠づけたのです。

彼らに共通する「資本主義観」とは、所得と富の格差が小さく、完全雇用が実現し、独占・寡占はコントロールされて適切な競争環境が維持され、金融は実物経済を翻弄するのではなく、むしろその黒衣《くろこ》となって支える側に回り、そしてきれいな空気や水が享受できる環境の下で、実物経済の適度な成長が実現する経済社会こそが望ましい、というものでしょう。そのためには自由放任ではなく、市場と国家が適切な形で組み合わされた混合経済へと移行する必要があります。そして経済学も、19世紀に全盛をきわめた「自然の体系」から「人為の体系」へと移行する必要があるのかもしれません。

これは資本主義を否定しているのではなく、むしろ資本主義をより高次の段階へとバージョンアップさせるための議論であるといえます。税制は、そのための中心的な役割を担います。例えば、環境税の導入された経済は、それがない経済に比べて、より環境負荷が小さく、エネルギー生産性が高く、それでいて制約を乗り越えるためにより活発なイノベーションが行われる「低炭素経済」、あるいは「グリーン経済」へと自らの質を高めていくはずです。あるいは、金融取引税が「埋め込まれた」欧州経済は、過度の投機を無意味にすることで、それまで投機に振り向けられていた資金を実物経済に引き戻すとともに、投機的金融商品の開発をさせられるなどして浪費されてきた人的資源を、実物経済をより高質なものに引き上げるための生産的な仕事に振り向け、経済の発展軌道を転換させることにつながるでしょう。

さらには、収益率が低いという理由でこれまでなおざりにされてきた環境、福祉、文化など、資本主義経済をもっと豊かなものにしてくれる分野が、経済的にも健全な発達をとげることができるような資金調達メカニズムを構築していくことも重要です。資本主義経済システムは決して万全ではありませんが、このような過程を経ることで、これまで螺旋的《らせんてき》に発展してきましたし、これからもきっとそうであるはずだと私は考えています。

第5章　税金を私たちの手に取り戻す

1　主権者は財政支出をどのようにコントロールするのか

近代国家を生み出した納税者の反乱

これまでの章では「国家がどのように税金を徴収するか」という視点を中心に述べてきましたが、ここでは原点に戻り、主権者の側、納税者の側から税金というものをみていきます。税金が存在するのは政府が財政支出をする必要があるからですが、政府のその支出に対し、我々有権者はどのように関わり、どのようにコントロールしていけるのでしょうか。

本書に一貫しているのは「近代国家を生み出したのは、もともとは納税者の反乱だった」という視点です。アメリカの独立戦争が、自分たちを代表していない政府であるイギリスからの課税に対する不満から起きたように、主として欧米では、税金が非常に重い、税金のかけられ方が不公平であるなどの不満が革命の導火線になり、それまでの統治機構がくつがえされて、新たな政府が誕生しています。特にその典型であるイギリス、フランス、アメリカでは、新政府の誕生後、権利章典や独立宣言等の宣誓文の中で「代表なくして課税なし」「国民の同意なくして課税されることはない」といった要求を為政者や王に突きつけ、それを認めさせることで近代国家が成立する、というプロセスをたどってきました。

その意味で近代国家においては、統治者が主で国民が従の立場なのではなく、主権はあくまでも私たちの国民の側にあります。私たちが統治者に、社会を統治することを委託しているにすぎません。近代国家はこれを明確化させたプロセスを経て誕生したということです。

日本の場合は明治維新が近代国家誕生の機会となったわけですが、憲法は欽定《きんてい》憲法として天皇から与えられる形がとられ、課税についても、国民が政府にルールを突きつけて認めさせるというプロセスは、ついぞ発生することはありませんでした。このことが日本の納税感覚の特徴を形づくり、現在まで尾を引いている一因となっている部分があると思います。「納税文化」という言葉があるとすると、それはある程度、そのような現在の国家の成り立ち方に関係していると考えられます。

投票で税のあり方を選択するアメリカ

アメリカの場合、二大政党である共和党と民主党で異なる支持基盤をもち、税制についてのヴィジョンも違うため、政権交代ごとに税のあり方が変わります。国としての一貫性がないと批判的に見る人もいますが、有権者が選んで多数派をとった政党が、その人たちの声を代弁して税制を変えていくという意味では、まさに民主主義的なプロセスが実践されているとみることもできます。「投票を通じて国民が政権選択を行うプロセスの中で、税金のあり方を選択する」という理念が機能しているわけです。

例えば、2023年6月にバイデン大統領は「バイデノミクス」と称した経済政策を発表しましたが、そこでは富裕層への課税の強化が重要な柱となっていました。これは共和党からはまず出てこない政策です。実際、共和党はこれまで常に、自分たちの支持基盤である富裕層を優遇する税制を打ち出してきた政党です。

この点でアメリカの政党は党派支持基盤にとても忠実です。せっかく政権党に選ばれたのだから、党派支持基盤のためになる税制を政策化し、実行していくことが使命であると考え、実際に遂行していきます。異なるイデオロギーをもつ党は、それに対して批判や反対を行いますが、政策を打ち出している党が議会で多数派をとっていれば、当然その政策が通っていきます。そのため反対派は、4年後の議会選挙や大統領選挙でそれをくつがえそうと、力を結集して次の選挙に臨んでいくことになります。

そして次の選挙を戦っていくにあたっては、より多くの有権者に選択されるべく、両党とも自らの党の主張を唱えていくことになります。そのようなわかりやすいプロセスが機能している点は、日本と大きく異なるところです。

日本でも消費税が政権を揺るがした

前節で示したようなアメリカの税金のあり方に対し、日本の場合はこれまで、一部の特殊な例を除いて、税制が政権選択のプロセスに全面的に関わってくることはありませんでした。その例外となったのが消費税です。戦後の日本では税金政策で政権が大きく揺らぐことはほとんどなく、自民党がほぼ一貫して政権を担ってきましたが、例外的に消費税だけは、その導入や引き上げをめぐり、内閣の辞任や交代などを含めて、何度となく政権を揺るがす事態を引き起こしてきたのです。

消費税の歴史は1978年に遡ります（図5-1）。この年、大平内閣が一般消費税（仮称）を1980年に導入すると決定したのですが、どのような理由からか翌年には撤回されます。おそらく反対の声が非常に大きかったのでしょう。大平首相は衆議院を解散しましたが、選挙の前に急死します。選挙は弔い合戦のようになり、このときは自民党が勝利しました。

次に消費税の法案（売上税法案）が提出されたのは1987年の中曽根内閣時代ですが、このときも大きな政治的な闘争が起こり、提出後わずか3カ月で廃案になっています。

1988年には竹下内閣において財政再建を目指した税制の抜本改革が行われ、翌89年、初めて3パーセントの消費税が導入されました。当然、次の選挙（1989年の参議院議員選挙）では消費税が大きな争点となり、自民党は「リクルート事件」という汚職事件の影響もあって（むしろそれが大きかったところもありますが）土井たか子党首の率いる社会党に敗れ、野党勢力が参議院で過半数を占めました。これにより衆議院と参議院とで多数派が異なる、いわゆる「ねじれ国会」が生じました。

さらに1993年には自民党が与党を追われ、非自民連立政権が樹立します。首相となったのは日本新党の細川護熙《ほそかわもりひろ》氏です。細川内閣は1994年2月に行った記者会見で税率7パーセントの「国民福祉税」の導入を表明しますが、7パーセントという数字の根拠を記者から問われたとき、明確な根拠を示せなかったことが大きな騒ぎを引き起こしました。これは既存の消費税を廃止する代わりに社会保障財源に特化した消費新税を導入するという構想でしたが、結局、国民福祉税の導入案は白紙撤回されるに至ります。一時は非常に人気の高い内閣でしたが、これが求心力を失っていくターニングポイントとなり、細川政権は瓦解に向かっていきました。

同年、自民党・社会党・新党さきがけの連立内閣が発足。社会党の村山富市《とみいち》氏が首相を務めたこの連立政権のときに「税制改革法」が成立し、消費税を5パーセントに引き上げることが決まりました。1997年の第1次橋本龍太郎内閣（自民党。第1次橋本内閣では社民党〈旧社会党〉、新党さきがけとの連立政権でしたが、選挙で両党が議席を減らしたため、第2次内閣では閣外協力の立場になっています）の時代に実際に引き上げられました。

1997年というのは山一証券をはじめ日本の金融機関が次々と破綻に陥った年であり、アジア通貨危機が起こったタイミングでもありました。消費税の引き上げに加え、そのような経済の不安定さが向かい風となって、98年の参院選で自民党は大敗。その結果を受けて橋本首相は辞任しました。当時の記者会見で、橋本氏が脂汗を流しながら質問に答えている姿が非常に印象に残っています。

その後しばらく、消費税に関する動きは止まります。小泉純一郎首相（2001〜06年在任）も、まずは徹底した財政構造改革を行って支出を抑え、増税するのはその後だといっていました。

それを再び動かしたのは民主党の野田佳彦《のだよしひこ》首相です。第3章で触れたとおり、2012年には民主党、自民党、公明党の三党合意に基づく「社会保障・税一体改革法案」が成立します。野田首相が日本の財政を健全化させるという強い使命感で成立させたこの法案が、現在の消費税率10パーセントに至る道を開くことになりました。自民党から民主党への政権交代は2009年ですが、野田首相は今から見ると〝馬鹿正直に〟といってよいほど正面から、税制改革の必要性を訴えていました。

1978年	12月	大平内閣で一般消費税（仮称）の80年度実施を決定
79年	9月	大平首相が一般消費税（仮称）実施を撤回
87年	2月	中曽根内閣で売上税法案を国会に提出したが、5月に廃業
88年	6月	竹下内閣で消費税導入を含む税制の抜本改革大綱決定
89年	4月	消費税法が施行、消費税率3%を導入
94年	2月	細川首相、税率7%の「国民福祉税」導入を表明するも、白紙撤回
	11月	村山内閣で税制改革法が成立。消費税を5%に引き上げることを決定
97年	4月	橋本内閣で消費税率5%に引き上げ
2012年	3月	野田内閣が消費税増税を含む社会保障・税一体改革法案を国会に提出
	6月	民主、自民、公明の3党、同法案について修正合意
	8月	3党合意に基づき消費税率を14年4月・8%、15年10月に10%に引き上げる法律が成立
	12月	第2次安倍内閣発足
13年	10月	消費税率8%への引き上げを閣議決定
14年	4月	消費税率8%に引き上げ
	11月	10%への再増税を17年4月に先送り表明
16年	6月	安倍首相が10%への引き上げを19年10月に再延期すると表明
19年	10月	消費税10%に引き上げ

図5-1　消費税の歴史

実は、その前の首相である民主党の菅直人《かんなおと》氏も、参議院選挙の期間中に消費税率引き上げという公約を口にしています。ちょうどギリシャの新政権が、旧政権が財政赤字を隠蔽していたことを暴露し、それが欧州全体を巻き込んだソブリン危機を引き起こした頃で、菅首相はそれを引き合いに出して、日本も財政赤字を減らしていく必要があると訴えていたのです。消費税率引き上げを口走ったのは、そのような流れにおいてでした。

自民党であれば、これまでの経験から増税は政権崩壊につながると知っており、慎重に慎重を期して進めます。選挙前であれば、税率引き上げのスケジュールが決まっていたものをストップさせることさえあります。そのようなデリケートな政策である増税について正直かつ迂闊《うかつ》に口にしてしまったことで、民主党は当然、選挙（参議院）で負けを喫することになりました。それによってまたねじれ国会が起こります。その状態で野田首相が中心となった三党合意があり、増税を訴えて解散に踏み切った民主党は衆議院でも惨敗し、再び政権交代が起きます。結果、三党で合意された政策については実施されるかどうかが不透明なものとなりました。

しかし、安倍晋三《しんぞう》首相が三党合意を引き継いで、延期などを経た上で2回の消費税引き上げを行いました。安倍首相の場合は、選挙に勝てるタイミングだと判断したときに解散に打って出て、実際に勝利した後に、就学前教育の無償化などの有権者に還元していく施策も明記するなど、盤石の基礎を固めに固めた上で法案を通していきました。増税ではあるのですが、それは有権者に戻っていくのだということを見せながら進めるなど、増税実現に向けたプロセスをうまく管理しながら進めていたと感じます。

消費税は不人気な税で、政権にはネガティブにしか働きません。日本でもこのように、有権者が選挙で意思表明をして政権を交代させるなどして、消費税の導入を遅らせたり諦めさせたりしてきた歴史があったのです。これらについて知ると、日本でも税金に関して有権者の意思を示す機会があるのだと実感できるのではないでしょうか。

開いていく歳入と歳出のギャップ

日本では、長く財務省（2001年までは大蔵省）の官僚が税制改正プロセスを主導し、その財務省と、首相でも触れられない〝聖域〟でもあった自民党税制調査会が密接な関係を持ってきました。そのような中では、税制が党派の闘争の中心テーマになり、議会で激しく対立するということも、選挙公約として掲げられてアメリカのような議論が起きるということも、あまりなかったことは事実です。しかし、さすがに所得税や住民税などと違い、課税最低限のない全員参加型の消費税ともなると、有権者からも非常に大きな関心が示されます。その結果、制度的に保障された正当なプロセスが働き、すなわち有権者は選挙権を行使するという正当な手順に則って、自らの意思を示してきたといえるでしょう。

その一方で、何度も増税を見送ってきたために、国家の歳入と歳出のギャップが大きく開いてきていることも事実です。歳出は年々増えていきます。特に高齢化社会に向かって社会保障費が増加していますが、これはニーズもあり、増やすと喜ばれる支出でもあります。

しかし現状では、増税が遅れたために収入が確保できていません。それに対して国は、毎年、国債の新規発行を膨大に行ってまかなってきました。国債は返済もされますが、新規発行がそれを上回るので純増分は積み上がっていきます。第二次世界大戦直後には、対GDP比の国債残高比率が200パーセントあったのですが、数年前、それを超えたというので話題になりました。つまり、現在の財政構造は、支出超過で国債残高比率が非常に高い状況ということです。

2　税は権力者による苛斂誅求の手段ではない——納税者主権の視点から考える

国家予算は「社会的価値」の反映のプロセス

税は負担しなくてはいけないものだと私は理解しています。けれども納税者主権の視点、税金を有権者の手に取り戻すという視点に立って考えると、ただいいなりになって税金を納めるだけではいけません。

私たちの負担する税金は本当に、私たちの人生を、社会を、そして経済を豊かにすることに役立つように使われているのでしょうか。それをしっかりチェックするのが議会の役割です。具体的には、予算と決算をチェックすることになります。

そして私たちは納税者、そして主権者として、国家が私たちの求める役割と仕事をしっかり果たすよう要望し、それができていない場合には是正を求めていく、という意識をもって税金を払っていく必要があります。私たちには、是正を求める権利と責任があります。

税金を払った後もそのまま放任しておかず、政府を監視することが大切です。しかしそれには、監視するための情報がなくてはなりません。政府の方では国民が求める情報をきちんと作成し、わかりやすい形でそれを開示していく責任があります。

政府が財政を運営していく上では、少なくとも年度末までには次年度の予算を決定していく必要があります。しかし、歳出に関して人々は多様な意見をもっているため、合意形成は簡単ではありません。ある人は教育にもっと予算を割くべきだと主張しますし、別の人は防衛予算をもっと増やせと主張します。税金に関しても、ある人は増税してもよいからもっと福祉の充実をと希望するでしょうし、別の人は、税負担を下げて歳出規模を縮小し、小さな政府を目指せと主張するかもしれません。政府の規模に対する意見も、政府の歳出の中で何を優先するべきかという意見も十人十色です。こうした人々の多様な要求を満たしつつ、それを予算、つまり財政資源の配分という形で一つの決定にまとめなければならないわけです。しかも、年末までには予算の大枠を決定するというように、時間が切られている中で「集合的意思決定」をしていく必要があります。

予算は国民が考える「社会が追求すべき価値」、すなわち「社会的価値」を反映するもので、予算編成は、その社会的価値を形にしていくプロセスです。できた予算は、少なくとも過半数以上の人々が支持する形での、財政資源の配分のあり方を示すものだといえます。独裁者がいる国であればその人が独断でしてしまえばすみますが、そうでない社会で大勢の意見をまとめていく場合、そこには、民主主義的な意思決定プロセスがうまく作用していく必要があります。

社会的価値をどう選択していくか

財政学では昔から、いくら政府が声明を出したとしても、その本音は予算を見れば一発でわかるといわれてきました。予算はその国が重視する政策分野から優先的に財政資源を配分した結果を示しているため、予算を見れば、その国が、そしてその国の国民がどのような社会的価値を抱き、何を重視しているのかが見えてきます。だから戦争をしている国は軍事費が大きくなりますし、北欧のような福祉国家は福祉系の予算が大きくなります。成長戦略をとっている場合は、かつての日本のように公共事業や産業支援のための予算が大きくなります。

何を重視して予算を配分するか＝どのような社会的価値を選択するかということは、市民が民主的な選挙を経て多数派を形成するというプロセスにおいて決まります。同時にそれは、財政資源の配分を決定する権力をどの政党に付託するかという政権選択のプロセスであり、国民が目指すべき社会を選択するプロセスでもある、ということになります。

各政党は選挙戦を戦うにあたって「マニフェスト」といわれる政策体系を示します。最近は少し下火になっていますが、一時期は「マニフェスト」という言葉はとても流行《はや》りました。「マニフェスト」には、各政党それぞれが目指すべき社会を念頭に置き、我々が当選したらこのような優先順位で政策を実現します、という内容が掲げられます。マニフェストに政策を掲げるということは、そこではそれほど具体的な予算の話は盛り込まれないにしても、「そのプログラムにしたがって優先順位をつけて予算を配分していきます」と有権者に約束することでもあるわけです。そして言外には、「これを実現する財源としての税金を、国民の皆さんに負担していただきます」という意味も含んでいることになります。

有権者はそれを見て政党を選び、投票します。その選挙の結果は、勝った政党＝より多数の市民が選んだ政党の提示した社会像が、これから目指すべき社会として多数派の支持を得て選択された、ということになります。

これは、先ほど述べたように、市民が「社会的価値」を、集合的意思決定のプロセスの中で選択していくということと重なっています。もちろん、ある人にとって望ましい社会は、別の人にとっては忌避したい社会かもしれません。それでも私たちはこの民主主義社会の下で、多数派を取った政党に、彼らが理想とする社会を追求する権力を期間限定で与えるというルールを受け入れており、このような予算配分の優先順位を決めるプロセスは、独裁国家とは異なる民主主義的国家のものごとの決め方ということになります。

民主主義国家の財政現象としては、まず各政党による価値の選択があり、それを具体的なプログラムとして組んで民主的な意思決定プロセスに乗せ、最終的には選挙を通じて選ばれた政党による権力行使という形に至る、という一連の流れがきわめて重要です。

何度も書いているアメリカの状況は、こういった財政現象を非常にわかりやすく見せてくれます。アメリカでは民主党か共和党か、選挙に勝った方が予算を審議し、予算法案を提出する権限を得ます。アメリカは議会に予算作成・提出の権限があるため、「勝った政党が予算を握る」ということがとてもはっきりしているのです。

それに対して日本の場合は政府に予算提出権限があるので、国会で議論するのは予算が出てからのことになります。ただ、事前に与党と政府の間で調整が進んでいることもあり、本来、最も重要であるはずの予算委員会が、スキャンダルの暴露や政府追及など、予算とは無関係のことに使われることがしばしばあるのが現状です。本来そこで議論されるべきは、予算のあり方、つまり、有権者の価値観、社会的価値を反映した予算の優先順位の付け方であるはずなのですが。

1990年代、日本でも「財政民主主義」の制度的基盤が実現

そのような民主的な「集合的意思決定」のプロセスは、日本でも戦後の憲法で保障されてきました。しかし、官僚制が非常に強固であり、財政については事実上、官僚主導であった

ことは否めません。それに対して1990年代に「政治主導」が目指されるようになり、「首相支配の確立」や「議院内閣制の確立」といったキーワードのもと、民意を集約して首相(「官邸」)のリーダーシップを確立するための政治行政改革が進められました。これは明治以来の官僚内閣制から、ようやく本来的な議院内閣制への移行が実現するプロセスだといえます。

アメリカであれば議会予算局があり、各議員には多額の予算が配分され、議会スタッフを雇うこともできます。議会スタッフ個々は特定分野のエキスパートですが、議員自体も自分はこの問題のエキスパートであると自認しているケースが多く、それぞれが政策課題を一貫して追求し、法案作成の主導権もとっていきます。そのためアメリカの法案には、その成立を支えた議員の名前がついています。例えば、ワックスマンとマーキーという二人の議員が推進した温暖化対策のための法案は、「ワックスマン・マーキー法案」という名称です。二人の議員のもとにはそれぞれ相当数の温暖化対策のエキスパートがスタッフとして集まっており、彼らが法案作成プロセスを担ったのですが、法案を作るには予算措置について考える必要もあるため、政府とも折衝しながら法案を練り上げていくことになります。議会の側にかなりの力がないとできないことです。政党が多数派をとっていなければ法案も議会を通らないので、通常は与党の議員から提案されます。

これに対して日本の場合には、どこが政権党になっても予算は必ず財務省から出てくるわけです。事前に財務省が各省庁の概算要求を受け付け、それを査定しながら、財務省主計局の主計官（いわゆるエリート中のエリートです）が配下のスタッフとともに要求の妥当性を精査した上で、最終的に財務省から予算案としてまとめたものを国会に提出する、という形になっています。その過程では与党とも折衝していきますが、しかしその方式においては、主導権はどうしても財務省にあることになります。

1990年代に沸き起こったのは、こういった官僚主導による予算策定プロセスではダメなのではないか、という議論です。1991年にバブルが崩壊し、日本は方向感覚を失って経済成長が止まりました。その後、「失われた10年」と呼ばれた時期が続きました（その後、そこからうまく脱却できないまま、今では「失われた30年」ともいわれますが）。その頃、日本が高度成長期の延長線上にある従来型の官僚制でやっていこうとするのは、もはや時代状況に合っていない、このままではバブル崩壊後の混乱を抜け出していくことはできない、といわれたのです。

このときの世界情勢はといえば、冷戦が終結してソ連が崩壊し、社会主義というもう一つの極が弱体化するなど、従来の環境がガラガラと崩れていった状況です。自民党vs.社会党という政党配置は、自由主義・資本主義vs.社会主義という対立を念頭に置いたものといえますが、社会主義が崩れた中で、政策論争の軸となる価値自体も溶解してしまったようなところがありました。

政治主導、首相主導の政策形成プロセスが重視されるようになったのは、そのような時代状況においてでした。官僚の案に乗るのではなく、選挙で多数派を取った政権が指名した首相を核とし、有権者の付託を得た優先順位の高いプログラムを実行するというプロセスを通じて、予算の方向性を決めていくべきではないか。ボトムアップ的に有権者の声を集約して選ばれたプログラムを、選挙後には選ばれた党派がトップダウン的に実行していくべきではないのか。そのような議論から、「首相支配の確立」や「議院内閣制の確立」のための制度的基盤が整備されていったのです。

ここにきてようやく明治以来の官僚主導を脱却し、政治主導への転換が実現しました。「首相支配の確立」や「議院内閣制の確立」は、民主主義国家における意思決定というものを体現している理論だといえるのではないでしょうか。

官僚主導から政治主導へ

このような政治的な大きな転換を象徴しているのが、2001年に発足した「経済財政諮問会議」です。これは橋本龍太郎元首相が行政機構改革の仕上げとして設けたもので、議長は首相が務めます。この会議において経済政策とセットで予算が決められ、毎年の予算策定方針を決定していくプロセスがトップダウンで遂行され、毎年7月に出される「骨太の方針」が策定されることになります。つまり、経済財政諮問会議という場が創出されたことで初めて、首相は財政面を含めた政策全般にわたって、自らがリーダーシップを発揮して方向性を与えられる仕組みを手に入れたことになります。

こうして日本でも遅ればせながら、従来型のあまりにもボトムアップ型のプロセスに加えて、首相がリーダーシップを発揮してトップダウン型の意思決定をしていくための舞台装置が整いました。もちろん、それを使いこなせるかどうかは政権の意思と能力次第です。実際、安倍政権のときには、その政治主導が官僚の人事にまで及ぶなど、ある種の恐怖政治のようなやり方でコントロールされたこともあって、その行き過ぎが議論されたこともありました。その反動もあるのか、現在の岸田文雄首相は比較的、官僚の意も汲《く》んで進めているといわれています。

そのように、運用面では問題が生じることもありますが、それでもこの議論の枠組み自体が否定されるわけではなく、現在も基本的にはこの方向で進められています。

公共財と税負担を民主主義的プロセスで選ぶ

私たちはなぜ税金を納めるのか。この問いへの回答は、以上の文脈の中で考えられるべきでしょう。つまり私たちは、有権者から選ばれた政権が策定したプログラム——どれほどの規模で、また、どのような分野に対して優先的に政府支出を行うか——が実行され、実現されていくこととの見合いで、税金を払うことに同意しているということになります。これは、有無をいわさず「義務だから」という理由だけで納税を求める考え方とは対極に位置するものです。

経済学では、このような市民社会における納税倫理をモデル化することで、「私たちはなぜ税金を納めるのか」という問いに回答を与えようとしてきました。そういったモデルの代表的なものが、エーリック・リンダール（1891～1960）というスウェーデンの経済学者による「リンダール・メカニズム」です。これは現代のどの経済学の教科書でも、「公共財」を論じる際には必ずといってよいほど取り上げられる代表的な理論です。

リンダールはストックホルム学派に属する経済学者で、「私たちはなぜ税金を納めるのか」という問いに対し、「一定の公共財（政府支出によって提供される財・サービス）の供給と引き換えに、それぞれの消費者がその対価として支払うのが租税であり、彼らの支払意思額（＝租税負担率）を表明してもらうことで、消費者の限界便益曲線を把握できれば、税率決定の論理を経済学的に説明できるのではないか」と考えました。

どういうことか簡単に説明しましょう。有権者が二人（A、B）いて、それぞれが望む公共財があります。このような種類の公共財が、これだけの規模であればいいと考えることの総体を100とします。そして、もし政府から提供される公共財が100である場合、すなわち望む公共財が100パーセント提供される場合には税金をこれだけ支払いたい、それが50のときにはこれだけ支払いたい、20しか供給されないならこれしか支払いたくないといったように、公共財のそれぞれの量に見合う形で、自分だったら払ってもよい額について意思を表明します。「自分だったらこれだけ払ってもよい額」を「支払意思額」といいます。Aさん、Bさんはそれぞれ個性が異なるので、ほしい公共財の量も支払意思額も一致している必要はありません。

この二人で、供給される公共財の総費用をどのように分担するかを決めることになります。

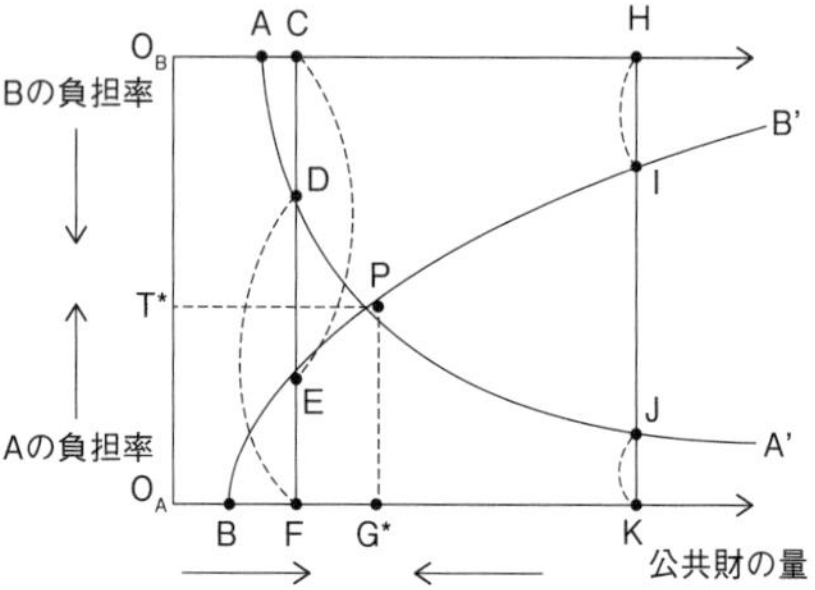

図5–2　リンダール・メカニズム　公共財の望ましい量と負担の意思の相関

図5-2では、Aさん、Bさん二人が意思表明した負担率（縦軸）と公共財量（横軸）の組み合わせについて、それぞれA—A′、B—B′の曲線で示されています。例えば、Aさんの公共財に対する支払意思額を示した曲線は、なぜA—A′のような形状になるのでしょうか。Aさんにとっての原点は、図のO_Aであることに注意してください。さて、公共財の供給量が少ない図の点Aでは、公共財が希少な価値を持っています。したがって公共財の供給が増えることに対するAさんの支払意思額はきわめて大きいのです。ところが、公共財の供給量が増えて図の右方に行けば行くほど、公共財の希少価値は低下し、それにつれてAさんの支払意思額もどんどん低下していきます。

Bさんにとっても、まったく同じです。Bさんの原点はO_Bになることに注意して眺めてみてください。Aさんのグラフと垂直方向に線対称のような形になっていますね。なぜBさんの支払意思額がB—B′の曲線になるか、A—A′のグラフと同様に考えてみてください。そ

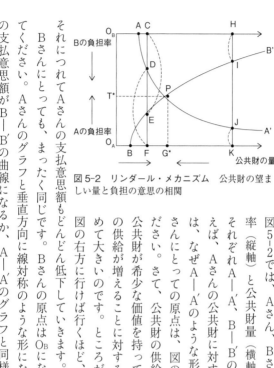

して、政府がどのぐらいの量の公共財を供給するのが望ましいかは、A―A′とB―B′が交差するところ、つまり図のG*で決まります。

なぜG*が最適な公共財供給量だと言えるのでしょうか。その理由を説明しましょう。例えば、仮に国家が公共財の供給量として、線分HKで表される量を提示したとします。このとき、Aさんが表明した支払意思額から算出した負担率は線分JKで、Bさんが表明した額に基づく負担率は線分HIで表されます。HIとJKを足しても、線分HKの長さには全く届いていません。つまり、HKの費用を大幅に下回る税収しか調達できないため、これだけの量の公共財を供給することはできません。国が提示した公共財供給量が多すぎたということになります。国民が負担してもよいと考える額に対して最適な水準にするには、供給量をもっと少なくする必要があるということです。

逆に、政府が線分CFで示される量を提示したとします。このとき、Aさんの支払意思額はDF、Bさんの支払意思額はCEとなり「(DF＋CE)＞CF」となります。つまり、公共財の費用を上回る支払意思が示されたため、公共財をもっと増やすのが望ましいということになります。政府がG*の公共財を供給するとき初めて、AさんとBさんの負担率の合計は、ちょうど公共財の費用を賄える100パーセントになっています。このモデルを用いることで、国家は試行錯誤を経て、最適な公共財供給量と費用負担率を見出すことができます。

リンダールの公共財理論は、個人が自分の思いを表明し、集合的な決定プロセスの中でどれくらい公共財を政府に供給してもらうかという総量の問題と、それを供給してもらう前提の中で、それぞれの有権者間の負担率を決めるという問題を同時に解決する仕組みになっています。非常に簡略化されたものではありますが、市民革命以降の近代国家における財政に関する集合的意思決定の仕組みをうまく図式化しています。王室や貴族、国家官僚が一方的に財政支出の規模や負担を決めるのではなく、税金の負担について市民の意向を最大限に配慮し、納税者主権に基づいて財政支出を決めようという、民主主義的な近代国家の理想を示す理論だということができるでしょう。

ただ、これはあくまで抽象的な議論であり、Aさん、Bさんと名付けた有権者もいわば無色透明な存在で、財力や能力などの条件も同等のものと考えられています。現実の世界では、個人の財力や能力、年齢も多様ですし、人口構造的にどの年代も同じ人数だということもありませんが、この理論はそのような背後のあれこれを消し去った世界を想定して組み立てられたものだと考えてください。

リンダールは1891年に生まれ1960年に亡くなったので、彼が見ていたのは20世紀前半の世界、つまり、産業革命後に西洋が豊かさを増していく中で、中流階級が成長してきた時代の社会ということになります。それ以降に生じた、例えば移民問題や、少子高齢化に伴う年齢別人口の違い、ジェンダーや多様性の問題などを、彼は見ていません。そのためそういった問題についてはここでは想定されておらず、モデルにも反映されていないということになります。税負担等を考えていく場合、特に現代では、そういった部分を考えに入れていく必要はあるでしょう。

3　税制の発展史

時代とともに税金は変化する

税金は決して不変なものではなく、時代によって変わっていきます。歴史的に、経済の発展段階とともに変化してきたことはこれまで見てきたとおりですし、今後も資本主義経済の発展とともに変化していくことは間違いありません。

では、なぜ税金は変化するのでしょうか。過去の税制の変化については、租税学者のハーリー・H・ヒンリックスが『経済発展期における租税構造変動の一般理論』(1966年)という著作でうまく整理をしているので、それを紹介しておきましょう。

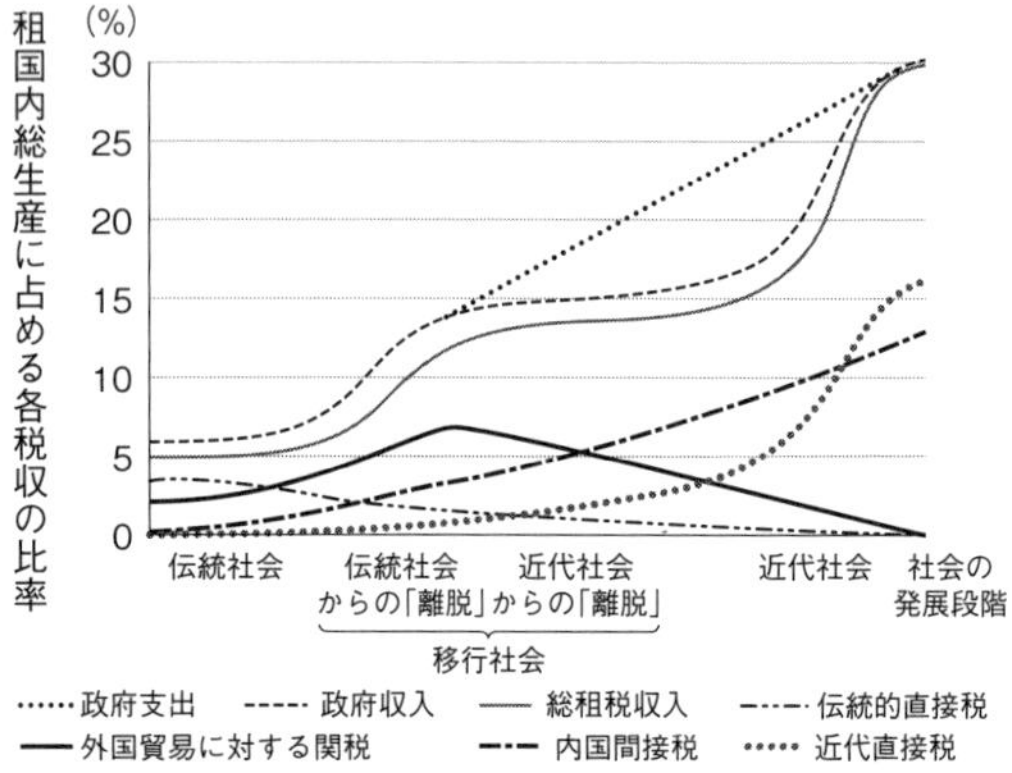

図5-3　経済発展段階と租税構造の変化　［出所］Hinrichs (1966), p. 99, Figure 1.

国の収入において、税金の種類ごとの比率はどのようになっており、それは時代的にどのように変化していったのか。ヒンリックスはそのような租税構造の発展を、伝統社会、移行社会前期、移行社会後期、そして近代社会という4段階に分けて説明しようと試みました。基本的に農業社会である「伝統社会」では、図5-3に示されているように、領主が貸した土地の生産物の何割かを農民が納める「封建的貢納」、王領地収入などの「非税源」、人頭税、賦役、十分の一税などの「伝統的直接税」、そして通行税、関税などの「間接税」が国家の収入となっていました。

これに対して伝統社会からの離脱が始まる移行社会前期には、国内の交易と流通が活発になることで、関税、物品税などの間接税収入が、伝統的直接税に取って代わっていきます。さらに近代社会へと離陸していく「移行社会後期」に入ると、伝統的直接税や関税は停滞・減少し、それに代わって、国内市場の発達にともなう「内国間接税」（関税と異なって、国内で生産され、消費される物品にかけられる消費税）が台頭してきます。ここでいう移行社会とは、貨幣経済を中心に商業が社会に浸透していって、純粋な封建制が崩れていき、近代資本主義社会が準備される時期のことをいっています。

続く近代社会では、軍事や社会政策上の必要から経費が急速に膨張していきます。それをまかなうために「所得税」と「法人税」という近代直接税が台頭するのが、19世紀末から20世紀にかけての特徴です。第2章、第3章でも税制の歴史を追いましたが、社会の発展段階によって、このように租税構造が変化してきたということです。

日本についてここに当てはめてみると、古代から平安にかけての租・庸・調の時代が「伝統社会」で、鎌倉・室町から江戸時代前半にかけての封建制社会が「移行社会前期」、江戸時代後半が「移行社会後期」、そして明治以来から戦前期にかけての国家が「近代社会」といえるでしょう。近代に入ってから急激に近代直接税の税収が上がっていく時代が、戦後の高度成長期にあたると考えられます。

『経済発展期における租税構造変動の一般理論』が出版されたのは1966年で、1970

年以降の税については扱われていません。例えば、フランスでは一般付加価値税が導入されたのは1967年なので、この図には消費税、付加価値税は含まれていないことになります。これ以降の税制の変化としては、第一に、直接税である所得税と法人税が伸び悩むようになり、代わりに消費税（付加価値税）と社会保険料の占める比率が増大しました。第二に、環境税など新しい税が出現し、定着しました。このように、税制はつねに変貌しながら発展しているのです。

何が税制を変えていくのか

では、何が税制を変えていくドライビングフォース（推進力）になるのでしょうか。京都大学で財政学講座教授を務めていた島《しま》恭彦《やすひこ》氏（1910-95）は、このドライビングフォースを次の三点にまとめています。

第一に、政府の財源調達要求です。資本主義経済の発展とともに経費が膨張し、政府がそのための財源を調達しようとする努力の中で新しい税源が開発され、それが旧来の税から置き換わることで変化を遂げていくのだと島は強調します。要するに、とにかく増加する支出を賄うための税金を徴収しなくてはならない、そのためには新しい税金を導入しよう、ということで変化していくということです。本書でも何度か戦費の調達が新しい税金を導入する契機になったことを強調してきました。現代だと社会保障経費がそれに相当するでしょう。そして、新しい税金としてはどのような税金がよいかということが、この次の問題となります。

新しい税金を考えるプロセスの中では、二つの相対立する力が働きます。一つが税制を変えていく第二の要因となるもので、資本蓄積を促す税制への要求です。つまり、経済活動に重い負担を課すべきではないという要求が、主に経済界や商工業者などから出てくるわけです。

イギリス古典学派のリカードは、資本の蓄積に税金をかけてしまうと経済成長を停滞させてしまい（彼の言葉でいうと「縮小再生産」）、結局それは我々に跳ね返ってくるのだといっています。リカードの時代はちょうど工業の勃興期で、主たる産業はまだ農業でした。そのため農業資本家に税をかけると彼らの資本蓄積に影響が出てしまうため、地主の地代にかけるのがよい、としたわけです。近代以降でいえば法人税にあたりますが、法人税を巡る賛成派と反対派の争いは、今でも常に起きています。

そしてもう一つの力が第三の要因となる、社会経済政策への要求を満たす税制（特に再分配、〈公正課税〉です。一般の国民、とりわけ低所得者層は税金を払いたくても払うことができません。しかも、所得が課税最低限以下で所得税を免除されている人でも、消費税は払わなくてはいけません。そのような中で、やはり税負担を軽くしてほしい、あるいは、金持ちは税金を免れているのに自分たちは重い負担を負わされるというような、公正でないあり方は正してほしい、という要求は当然出てくるわけです。このような要求がとても大きな声になって出てくる場合もあれば、サイレントマジョリティという形で、あまり表には出てこないけれど、何かあったら噴出するようなこともあります。この点は本書でも、アメリカにおける所得税を求める運動に即して説明したところです。

私は政府税制調査会の特別委員を務めていますが、財務省主税局の人たちと話していると、彼らの中には「課税の公平さを維持しておかなければ納税者に納得してもらうことはできない」という意識があることを強く感じます。もちろん彼らの念頭には、消費税率はいずれまた上げなくてはならないという想定もあるわけですが、それが逆進的な税であることは彼らにも当然わかっています。ですから、そのような負担をお願いするからには、所得があり支払う能力があるにもかかわらず税を逃れている人たちに課税する仕組みを作っていかなくてはならない、それが前提条件になると考えているのです。

現実の税制は、有権者が選択して決めるプロセスのほかに、このような要素が複雑に絡み合うことによって形づくられ、変化していきます。

4　政府支出とその効果／影響に関する情報とその開示の重要性

どうすれば税の使い道を選択できるのか

私たちが税のあり方を自分たち主権者の手に取り戻すには、ここまで説明してきたようなプロセスを経ることが必要です。税の額についてだけではなく、集めた税を使って何をするのかについても政府の支出の水準や内容とともに考え、よいと思うプログラムを掲げる政党に投票していく。そのプロセスを通じて、いわばジョン・ロックがいった革命権を、選挙権の行使という形で合法的に実行しているのだといってよいと思います。

政権の選択をするときには税金のあり方そのものが直接のテーマになる場合もあれば、そうでない場合もあります。しかし、その政府の考える支出プログラムの背後には、当然、政策の優先順位と財政支出がセットになって絡んでいます。政権を選ぶプロセスを通じて、私たちはそういったことの全体を選び、政府の考える課税に同意している（＝公共財の対価として課税に同意する）ということになります。この公共財と税金の関係が切断されてしまうと、税金は単に払わされているだけのものとなってしまうので、やはりこの「自身が主権者として選択する」というプロセスは機能させる必要があるのです。

とはいえ、選挙のときに、政策の内容や検討されている財政支出の詳しい情報が出てくるわけではありません。それに、実際に政権が作られて日々の政府の仕事が始まってしまうと、大枠としてはもちろん公約が踏まえられますが、必ずしも有権者の声を全て反映できるというわけではなくなってきます。選挙のときだけ民主主義で、選挙が終わったら民主主義から離れて好き勝手にやられていくのでは困るので、やはり政府の監視は常に行われなくてはなりません。

また、次の選挙で納得のいく選択をするためにも、今回選ばれた政党が政権についている間に、実際にどのような支出が行われ、それが有権者の生活にどんなインパクトをもたらし、結果として成功だったのか失敗だったのか、すなわち税金を払うに値することを政府が行ったのかということについて評価が行われ、それに関する情報が開示される必要もあります。つまり、政権の選択は税金＝支出内容の選択でもあるので、有権者が税金を自分たちの手に取り戻すプロセスの中では、税金によって可能になる政府支出の選択肢の提示と、その影響評価といったものに関する情報が非常に重要であるということです。

アメリカの仕組み——費用便益分析の義務づけと議会調査局の役割

アメリカはこのようなことが最も意識され、制度化が整っている国だといえます。アメリカにも問題はいろいろありますが、議会側に予算作成および提出権限があるように、有権者に選択肢を示す情報開示の重要性については、やはり非常に意識されています。アメリカではどのように情報開示が行われているか説明していきましょう。

まず1965年に、PPBS（Planning-Programming-Budgeting System）というシステムが導入され、すべての政府活動について事業ごとにその評価を測定する費用便益分析を行い、その結果に基づき予算編成を行うことが求められました。しかし、各事業の分析が技術的に難しかったことや、PPBSのプロセス自体が複雑であることから1973年に廃止されます。ところがレーガン政権がこれを引き継いで1981年に大統領令12291号を発令し、すべての政府機関に対し、それぞれが実施する政策についての費用便益分析の実施を求めました。

費用便益分析について簡単に説明しましょう。政府が予算を伴うプログラムを作る場合には、まず、その政策を実行するためにどの程度のお金がかかるのかを計算し、実際に工事や施設維持などの予算を投じて政策を実行したときにはどのような効果、つまり便益がもたらされるのかを、金額に換算して提示することが義務付けられています。

便益の計算方法ですが、例えば、バイパス道路を新しく作ることによって、幹線道路の渋滞が解消するとしましょう。渋滞の解消というのは、要は時間短縮です。これまで通勤に車で30分かかっていたところが、新しいバイパス道路ができたことで半分の15分で行けるようになりました。これまでより往復で30分間分、車の運転から解放されるようになったということは、1カ月で考えると、土日を除いても十数時間分の通勤時間がいらなくなります。ここでは、その時間を働く時間にあてられ、余分の生産ができるようになる、すなわち、渋滞解消によって得られた時間数に時給額をかけて、その分の追加所得が生まれるという考え方をします。さらに、その金額に道路を通る人数をかけることで、バイパスが開通することによる社会全体の便益が算出されます。

もう一方に、道路建設コストがあります。このコストと新たに生まれる社会全体の便益を両天秤《てんびん》にかけ、どちらが重いのかを比較することによって、かける道路建設費に見合う便益があれば進めてもよく、便益がないプロジェクトであるならやめた方がよい、と判断できます。

この考え方は日本の整備新幹線の建設にあたっても適用されています。整備新幹線とは1973年に計画が決まった北海道新幹線、東北新幹線、北陸新幹線、九州新幹線のことですが、ここでもまず、整備新幹線の建設コストと、新幹線ができることで得られる時間短縮効果を計算していきます。整備新幹線の場合は時間短縮だけではなく、観光需要の盛り上がりによって宿泊施設やお土産物、お土産物の原料となる農産物などの需要が増え、現地の人々の所得が増えるという効果も見込まれると考えられます。また、これはどこまで便益の中に入れるか難しいところですが、例えば、高速道路のインターチェンジができるなどして交通の便がよくなると、物流拠点などを作りやすくなるので企業誘致につながる、といった波及効果も見込めるようになります。そのように考えられるあらゆる波及効果を洗い出し、それぞれがもたらす経済効果を計算し、それら全てを合算したものが「便益」ということになります。

費用便益分析を行うのは大変なことですが、アメリカでは予算策定プロセスの中で、各省庁が必ず議会に提示しなくてはいけなくなりました。これはまずは議員の方々のための参考材料として議会に提示されますが、その背後にいる有権者たちに対してもインターネットで開示され、究極的には有権者が政権を選択する際に参照する、非常に重要な情報となります。

また、「議会調査局（Congressional Research Service：ＣＲＳ）」という、議員の法案作成をアシストする機能をもち、議員に対してさまざまな情報提供も行っている機関があります。ＣＲＳはアメリカの国内問題から国際情勢までのあらゆる問題について、さまざまなデータに基づいて専門家が中立的に調査・分析したものをまとめたＣＲＳレポート（議会調査局報告書）を、毎年、何千も発行しています。

ＣＲＳレポートにはしばしば政策のシミュレーションが掲載されます。例えば、排出量取引制度（カーボンプライシング）という温暖化対策の仕組みが導入されたら、どれくらいCO_2の排出量が減り、企業にはどのような負担をかけるか、といったことが試算されます。この政策が入ると炭素に価格がつけられるようになるので、化石燃料の価格は上がると考えられ、エネルギー価格が上昇すれば低所得者層にも避けることのできない負担となるでしょう。そのような想定があるため、所得階層を5階層ほどに分け、所得階層ごとの負担の増減をシミュレートして、その結果を掲載しているのです。これらは非常に重要な情報で、私もレポートを見て初めて、排出量取引制度が逆進的な制度であると知って驚いたものでした。

逆に、排出量取引法案では政府が一定程度の排出権をキープすることになっているのですが、オバマ政権のときに、温暖化対策で負担を被る人々に対し、その排出権を売却して政府が得た利益で低所得者にお金を還元していくプログラムが組まれていたことには感心しました。レポートではその還元分によって、最も低所得の人たちの負担は増えず、逆にそれ以上の階層になると、負担が累進的に増えていくことが示されていました。そのレポートにより、還元施策は高所得者ほどエネルギー価格の負担が重くなるように設計され、逆進性を覆すことに見事に成功しうるのだということが理解できました。

このように、政府のお金の使い方を有権者がきちんと監視していくには、使ったことによってどうなるのかというところまで見ていく必要があるのです。

EUの仕組み

EUにも同様の仕組みがあります。EUでは法律といわずに「指令」といいますが、指令を出す際には政策効果を必ずシミュレートして、それが経済にどのような影響を与えるのか、GDPを引き下げないか、有権者の負担はどのようであるか、などについての調査研究を行います。そしてきちんとしたレポートを作成し、指令案とともにレポートも公開しています。

私もEUの政策について調べていて、その指令案にはどのような意味があり、どのような効果や影響をもつのかを知りたいときなどにレポートを参照していますが、政策を理解するのに非常に役に立つものだと感じています。

支出に対する事後チェック・評価機関の重要性

もう一つ、支出に対する事後チェックを行う評価機関も重要です。アメリカには米国会計検査院（United States General Accounting Office: GAO）という機関があります。位置付けは日本の会計検査院と同じですが、実態は大きく異なるといわれています。なぜなら、日本の会計検査院は基本的に「税金の使い方に無駄がなかったか」という視点で検査をするのですが、GAOはもう少し踏み込み、「その政策がそのお金で実現しようとしていた効果、事前に予期していた効果を、十分実現できたかどうか」をチェックし、政策として成功だったのか失敗だったのかまでを含めて評価しているからです。つまり、GAOは単なるチェック機関でなく評価機関でもあるわけです。

実は日本の会計検査院もこのようなあり方を目指していますが、マンパワーや予算規模が異なることもあり、なかなかすぐに追いつける状況にはありません。ただ、このような形で政策評価をすることにより、税金からの支出で実現した政策が、税金を払うに値する結果をもたらしたのかどうかが判断できるようになります。そのための材料が提供される仕組みになっていることが、とても大切なことだと思います。

もちろんアメリカでも、有権者一人一人がこのような資料を全て見ているわけではありません。しかし、議員に対しては、このような情報に基づいた説明が十分になされています。政策立案スタッフも、政策立案にあたって過去に議会を通らなかった法案についての情報を参照し、自分たちの法案が可決されることで現状をどう変えることができるかなどを議論する参考にできますし、自分たちが法案を提案する意味を論理づけることもできます。そういったことのためにも、やはり情報が大切となります。

他方、日本の場合は、政策の背景となるそのような情報の提出は全く義務付けられていません。2023年には岸田内閣が子育て支援関連の政策を出してきましたが、新たに導入を目指している「子ども・子育て支援金」（健康保険料に上乗せ徴収）の負担が一人あたり500円になること以外、詳しい情報を出そうとしません。ましてや、その効果がどうであるのかを判断する材料は、現状ではないといえます。国内外で数多くの子育て政策の効果に関する定量分析の結果が公表されているにもかかわらず、です。

子育て支援には毎年、3兆5000億円もの巨費が投じられる予定です。ならば、その政策がそれだけの資金を投じるに値する政策だということを示す責任が政府にはあるといえます。アメリカやヨーロッパであれば、法案になる段階で必ずその政策案を議会調査局や民間の研究所に投げて、費用便益分析やシミュレーションを行わせるでしょう。そして、その上で、子育て関連に予算をつけて多様な現金給付を行うことが、本当に政権が狙っている出生数の増加に結びつくのかということを分析させるはずです。法案がそのような分析レポートをつけて国会に提出されれば、議員たちは少なくともそういった資料を読み込んだ上で質問に立つので、議論の質は明らかに上がります。

ただ、日本でも出される政策が本当に効果があるのかを検証する必要があるという機運は高まり、最近は「証拠に基づく政策立案（Evidence based policy making：ＥＢＰＭ）」ということがよくいわれるようになってはいます。ところが、ＥＢＰＭの必要性が二言目には口にされる割には、一向に義務付けられることもなく、ただ必要だ、必要だといっているだけの状態になっています。それではいつまでも建設的な議論ができるようにはならないでしょう。

アメリカの自治体レベルでの取り組み

ここではこれまで紹介してきたアメリカの国家レベルの動きとは別の、地方自治体の取り組みや住民運動など、税のあり方について有権者が自らコントロールしようとするという動きについて紹介します。そういった運動の方向性について、手放しで同意できるというわけでもありませんが、やはり驚嘆せざるを得ないところがあるのは事実です。

1978年、カリフォルニア州では「提案13号（Proposition 13）」が住民投票で可決されました（正式には「税の制限――住民発案による憲法修正」というものです）。この結果、カリフォルニア州法の財産税に関する法律が改正され、財産税が大幅に減税されることになりました。

この背景となったのは、資産評価の累進性、税負担の逆進性、地域間の負担格差などに対する住民＝有権者の不満です。1970年代には、インフレによって何もしなくても資産価値が上昇していき、それに連動して税負担が増えていくという状況がありました。給料も上がるとはいっても、資産価値の上昇率に応じて増えていくわけではないため、税負担の大きさに対して人々の不満はたまっていきます。その結果、「タックスデフォルト」や「タックスレボリューション」、日本語では「有権者の反乱」「納税者の反乱」などと呼ばれた住民の反税運動が展開され、それが結果として「提案13号」を可決させ、州法の改正を実現させることになりました。「提案13号」という名称から、それ以前に何回も否決されていること、それでも諦めずに提案を続けていたことがうかがえます。

財産税には課税最低限があるので、税金を払うのは中間層から富裕層の人々であり、当時の税制は「金持ち課税」と呼ばれていました。特に富裕層のもつ財産額は大きいため納税額も大きく、70年代当時に大きな不満を抱いていたのは、実は中間層から富裕層の人々でした。

運動の背景にはもう一つ、公民権運動で黒人が公民権を得た一方、貧困層が多かった彼らを支援するために、民主党政権のもとでさまざまな施策が導入されたこともありました。そういった施策に対し、自分たちの払った税金が自分たちに還元されるのではなく黒人に行っているという批判が高まり、「税金がそこに向かうのであれば私たちは払わない」という意思表示として運動が起き、結果、税金が引き下げられたということになります。

このときの市民運動には、国に対して、そのような施策に支出させないように圧力をかけた側面もある、という指摘もあります。その意味で富裕層の反乱であり、民主党主導で導入されてきた、どちらかというとリベラルな政策に対して、ある種の制約を課した面もあると考えられます。これは共和党の「小さな政府」へ向けた動きにも合致しています。

いずれにせよ、これは納税者が意思表明をして税制や税金を左右するといったことの実践例として、世界に衝撃を与えた事例です。この影響を受けて他州にも財産税の課税制限などが波及していき、現在では大半の州が、何らかの形で財産税に対して課税制限を課しています。

さらにこの運動は連邦政府自体の租税政策にも影響を与えました。レーガン大統領は大統領就任前の1967～75年にカリフォルニア州知事を務めており、有権者の不満と闘争を間近にみていた政治家です。レーガン氏は大統領になると、「経済回復税法」（1981年）を導入し、アメリカ史上最大の減税を実行しました。

5 「自由落下法則」――放っておくと格差は広がる

課税の公平性について問題提起し、是正を求める必要性

有権者が税金を自分たちの手に取り戻すというときには、税金の形をどのようなものにしていくか、そして、どのような種類の税金で全体の税収を上げていくかが、有権者によって選択されていく必要があります。しかし歴史的には、何もしないでいると、政治力のない、声の小さい低所得者層の負担が重くなっていくという傾向が見られます。これは第4章の図4-6でもアメリカの事例で示したところです。放っておくとどんどん格差が広がるこの法則を「自由落下法則」といいます。

そのようになる理由は、富裕層は声が大きく、政治家に要望を届けたり、自分たちの代表

を政治に送り込んだりすることもしやすいなど、自身の要求を貫徹する力があるからです。そのため、そうではない低所得・中間層の人々や、真面目に働いて社会保険料を納めているサラリーマン――源泉徴収されていて、多少負担を増やされても納税感を抱きにくい人々――に負担が向かう傾向があるのです。日本でも「1億円の壁」のグラフで見たように、所得が1億円を超えたところから税負担率はどんどん下がり、やはり富裕層が優遇されている状況があります。

そのような低所得・中間層への負担増加は常に起こることなので、負担の不公平性を正し、課税されていない人にきちんと課税することを、やはりボトムアップで要求していかなくてはいけません。

公平な負担を求める運動は過去にもありましたし、逆に、それが実現できないと、人々に不安がたまって政権交代を求める暴動や政府転覆などが起こり、最終的には社会不安に陥ってしまいます。そのため、民主国家である限りはそれをどこかで反転させ、負担の不平等を正していこうとする動きが起こります。それは歴史が語っていることでもあるといえます。

社会改革の手段としての税金

税金を自分たちの手に取り戻すというときには、税制の背後にある経済権力のあり方をコントロールすることも重要になります。

これまでの歴史においては、企業が利益を追求していく中で、格差を広げる行動や環境を汚す行動をしたり、投機マネーに手を出したり、独占・寡占権力を使って自分たちはがっぽり儲《もう》けながらも国民には高価格を押し付けたり、ということを行って社会問題となってきました。

しかし、多くの一般市民にはそれをコントロールする権限も力も知識もありません。主権者である私たちが、企業の投機的な行動に振り回されない安定した生活をしたいと思うこと、きれいな水やきれいな空気のもとで生活したいということは、ごく普通の要求です。ですから、企業の活動によってそのような普通の安定した生活がかき乱されるときには、政府を通じて是正を求めていくしかありません。

税金は、そういった是正の手段の一つです。前章で強調したように、税金は単にお金を徴収するだけではなく、格差や環境問題を是正し、コントロールするための政策手法としても使われます。そのため、企業が事業活動において環境によくない行動を行っている場合には、その行動を抑制するためにも税金が導入されることがあるわけです。

有権者はそういった税金の導入を求めることで、環境問題などを含めたさまざまな社会問題の是正を政府に要求していくことができます。つまり、有権者はそのような要求をし、政府を経由して税金という手段を行使することにより、経済権力をコントロールできるのです。そしてまた、税金という手段によって企業の行動を正し、社会問題を解決に向かわせることで、私たちは、自分たちが求める社会を、自分たちの手で作っていくことができるのです。

ちくまプリマー新書

064 民主主義という不思議な仕組み　佐々木毅

誰もがあたりまえだと思っている民主主義。それは、本当にいいものなのだろうか？　この制度の成立過程を振り返りながら、私たちと政治との関係について考える。

143 国際貢献のウソ　伊勢﨑賢治

国際NGO・国連・政府を30年渡り歩いて痛感した「国際貢献」の美名のもとのウソやデタラメとは。思い込みを解いて現実を知り、国際情勢を判断する力をつけよう。

204 池上彰の憲法入門　池上彰

改正したら、日本の未来はどうなるの？　憲法はとても大事なものだから、しっかり考える必要がある。今こそ知っておくべきギモン点に池上さんがお答えします！

225 18歳の著作権入門　福井健策

コピペも、ダウンロードも、リツイートも！　基礎的な知識から、デジタル化が揺さぶる創作と著作権の現状を知ろう。子どもから大人まで必読の著作権入門。

229 揺らぐ世界
――〈中学生からの大学講義〉4
立花隆／岡真理／橋爪大三郎
森達也／藤原帰一／川田順造
伊豫谷登士翁

紛争、格差、環境問題……。世界はいまも多くの問題を抱えて揺らぐ。これらを理解するための視点は、どうすれば身につくのか。多彩な先生たちが示すヒント。

ちくまプリマー新書

239
地図で読む「国際関係」入門
眞淳平
近年大きな転換期を迎えていると言われる国際関係。その歴史的背景や今後のテーマについて、地図をはじめ豊富な資料を使い読み解く。国際情勢が2時間でわかる。

255
投票に行きたくなる国会の話
政野淳子
国会は実際どのように機能しているのかを、衆議院政策担当秘書として4年間働いた経験をもとに説明する。よりよい社会を作るために国会と国会議員を使い倒そう。

256
国家を考えてみよう
橋本治
国家は国民のものなのに、考えるのは難しい。日本の国の歴史をたどりつつ、考えることを難しくしている理由を探る。考え学び続けることの大切さを伝える。

257
学校が教えないほんとうの政治の話
斎藤美奈子
若者の投票率が低いのは「ひいき」がないから。「ひいきの政治チーム」を決めるにはどうしたらいいのか。あなたの「地元」を確かめるところから始める政治入門。

260
文学部で読む日本国憲法
長谷川櫂
憲法を読んでみよう。「法律」としてではなく、私たちがふだん使っている「日本語の文章」として。綴られた言葉は現代を生きる私たちになにを語りかけるだろうか。

ちくまプリマー新書

136
高校生からのゲーム理論
松井彰彦

ゲーム理論とは人と人とのつながりに根ざした学問である——環境問題、いじめ、三国志など多様なテーマからその本質に迫る、ゲーム理論的に考えるための入門書。

080
「見えざる手」が経済を動かす
池上彰

市場経済は万能？　会社は誰のもの？　格差問題の解決策は？　経済に関するすべてのギモンに答えます！「見えざる手」で世の中が見えてくる。待望の超入門書。

094
景気ってなんだろう
岩田規久男

景気はなぜ良くなったり悪くなったりするのだろう？アメリカのサブプライムローン問題が、なぜ世界金融危機につながるのか？　景気変動の疑問をわかりやすく解説。

126
就活のまえに
——良い仕事、良い職場とは？
中沢孝夫

世の中には無数の仕事と職場がある。その中から、何を選ぶのか。就職情報誌や企業のホームページに惑わされず、働くことの意味を考える、就活一歩前の道案内。

213
地球経済のまわり方
浜矩子

風が吹けば桶屋が儲かる。カラクリに気づけば、経済は面白い！　古今東西の物語をまくらに、経済の根本原理と地球経済の今を描き出す。

ちくまプリマー新書 456

税《ぜい》という社会《しゃかい》の仕組《しく》み

二〇二四年五月十日　初版第一刷発行

著者　諸富徹（もろとみ・とおる）

装幀　クラフト・エヴィング商會

発行者　喜入冬子

発行所　株式会社筑摩書房
東京都台東区蔵前二－五－三　〒一一一－八七五五
電話番号　〇三－五六八七－二六〇一（代表）

印刷・製本　株式会社精興社

ISBN978-4-480-68484-4 C0233　Printed in Japan